돈은 사람의 마음을 어떻게 움직이는가

THE PSYCHOLOGY OF BIG MONEY

돈은 사람의 마음을
어떻게 움직이는가

최성락의 돈의 심리

큰돈을 품으려면 마음의 힘부터 키워라!

"왜 가난할수록 아이를 부자 학교에 보내야 할까?"

심리 실험 결과가 들려주는
돈과 부자에 관한 진실

d
일요일의꿈

How Money Moves People

쪽박을 차거나 휘둘리지 않으려면……
돈을 아는 지식의 힘!

이야기 하나. 저번 겨울, 아는 학생이 등산을 간다고 했다. 겨울 산이 멋있다는 말을 듣고 친구와 같이 직접 겨울 산을 가볼 계획을 세웠다. 겨울용 등산복과 스틱을 구하고, 교통편 등도 알아본다.

겨울 산은 좋다. 나뭇가지들에 눈이 쌓여 있는 설산을 보는 건 분명 장관이다. 어느 산을 가려 하는지 물었다. 소백산이라고 한다. 소백산? 충청북도와 경상북도 경계에 있는 1,400미터가 넘는 그 소백산? 그렇다고 한다.

그동안 겨울 산은 많이 가봤느냐고 물었다. 한 번도 가본 적이 없단다. 그럼 등산은 좀 해보았느냐고 물었다. 산에 올라본 적이 아예 없단다. 이 학생은 난생처음 등산을 하려는 것인데, 인생의 첫 산으로 소백산을, 그것도 겨울의 소백산을 선택한 거였다.

깜짝 놀랐다. 그리고 말했다. 절대 안 된다. 잘못하면 죽는다.

그냥 엄포로 겁주는 게 아니라, 등산하는 중에 날씨가 안 좋아지고 눈이 조금만 내려도 분명히 조난을 당해 죽는다! 초보자가 겨울 산을 가면 안 된다!

이 학생이 묻는다. 처음에 겨울 산을 간다고 이야기를 꺼냈을 때는 별말 없지 않았느냐. 겨울 산을 오른다고 했을 때, 서울 근교 북한산, 관악산, 도봉산, 수락산 등을 간다는 줄 알았다. 그런 산은 등산하는 사람들이 많아 완전 폭설이 아닌 한 괜찮을 것이다. 하지만 소백산 같은 산은 안 된다. 눈이 조금만 내려도 등산로가 눈에 덮여 길을 잃을 것이다. 오가는 사람이 적어서 발자국이 남아 있지 않아 어디가 길인지 전혀 구별할 수 없게 된다. 평소에 많이 오간 길이어서 길을 완전히 알고 있지 않으면 분명 산에서 길을 잃고 조난을 당한다.

이 학생은 하고 싶은 일이 생기면 호기심을 가지고 실행에 옮기려 하는 긍정적인 성격의 소유자였다. 그냥 생각만 하는 게 아니라 직접 행동으로 옮기는 적극성도 가졌다. 긍정성, 적극성은 자기계발에서 굉장히 중요한 요소로 꼽히는 자질인데, 이 학생에게는 그게 있다. 그런데 지식이 부족하다. 차라리 가만히 있으면 망하지 않는다. 그런데 긍정적이고 적극적이면서 지식이 없으면 오히려 더 위험하다.

물론 이 학생은 나름대로 지식을 구했다. 인터넷을 검색하면서 소백산 등산에 필요한 여러 자료들을 구하고 준비를 했다. 하지만 1,000미터가 넘는 겨울 산의 위험성에 대해서는 알지 못했다. 인터넷에서만 자료를 구할 때 일어날 수 있는 치명적인 문제다.

지식보다 행동력이 중요하다고들 한다. 이 명제는 분명히 옳다. 지식만 있고 행동력이 없으면 정말 아무런 변화가 없다. 하지만 행동력만 있고 지식이 없으면 그건 더 위험하다. 지식이 없이 행동하는 건, 겨울 산에 대한 지식 없이 등산하려는 것과 같다. 크게 다칠 위험이 없고 다치더라도 조금 상처 입는 정도라면 지식 없이 움직여도 괜찮을 것이다. 하지만 크게 다칠 위험, 심지어 죽을 가능성이 있는 일에 지식 없이 행동으로 바로 들어가면 곤란하다. 이런 정도로 중요한 일에는 먼저 지식을 갖출 필요가 있다.

돈에 대한 지식이 없으면서 갑자기 큰돈을 투자하는 사람들이 있다. 그동안 적금 등으로 모은 큰돈으로, 혹은 돈을 빌려 투자를 시작한다. 본인은 나름대로 큰 결심을 하고 행동으로 옮기는 것이겠지만, 이건 산에 한 번도 오르지 않았던 사람이 처음으로 겨울 산을 오르는 것과 같다. 너무 위험한 행동이고 삐긋하면 망한다. 자기에게 부담이 되는 큰돈을 투자하기 위해서는 평소에 조금씩 투자를 하고 또 돈에 대한 지식을 쌓아야 한다. 1,000미터가 넘는 겨울 산을 오르기 위해서는 평소에 자주 등산을 하면서 산에 대한 지식을 늘려야만 하는 것이다.

이야기 둘. 돈은 현대인에게 있어서 필수적이다. 가난한 사람이든 부자이든, 돈이 있어야만 한다. 잘사느냐 못사느냐의 차이가 있을 뿐, 어쨌든 돈을 사용해야만 살아갈 수 있다. 돈은 많은 애환의 원인이기도 하도, 원망의 대상이기도 하다. 그럼 우리는 돈을 좋아해야 할까, 싫어해야 할까?

상속 다툼처럼 돈으로 인해 삶에서 어려움을 겪는 사람들, 또는 돈보다 더 귀중한 인생의 가치를 찾아야 한다는 사람들은 돈을 싫어해야 한다고, 싫어하지는 않지만 최소한 돈을 피해야 한다고 말한다. 이에 반해 돈을 벌고자 하는 사람, 돈을 더 모으고자 하는 사람들은 돈을 좋아해야 한다는 말도 있다. 돈을 좋아해야 돈도 자기를 좋아해서 돈이 자기를 찾아온다. 돈을 좋아해야 돈을 끌어당기는 뭔가의 힘이 생긴다. 내가 싫어하는 상대가 나를 찾아와서 오래 머무는 일은 없지 않나. 돈을 모으기 위해서는, 부자가 되기 위해서는 돈을 아끼고 좋아해야 한다.

그런데 정말로 돈이 많고 돈을 누리기 위해서는 돈을 좋아해야 하는 걸까? 서양에서 희대의 바람둥이로 유명한 사람으로 카사노바가 있다. 카사노바는 여자에 대해 정말 많은 것을 알았다. 어떤 말, 어떤 선물, 어떤 행동을 해야 여자가 좋아하는지에 대해 많이 알고 있었다. 카사노바는 그런 지식과 기술을 활용해서 여자들을 유혹했다. 그런데 카사노바가 여자들을 좋아했을까? 물론 좋아하기는 했다. 그러니 그 많은 여자들을 따라다니며 유혹할 수 있지 않았겠나. 하지만 그냥 남자와 대비된 여자를 좋아한 것이지, 한 인격체로서의 여자, 개인으로서의 여자를 좋아한 건 아니다. 카사노바는 계속해서 여자를 유혹했지만 또 계속해서 여자를 버리고 떠났다. 결론적으로 볼 때 카사노바는 여자를 이용한 것이지 좋아한 것은 아니었다. 여자에 대해 많이 알고, 그 지식을 활용해 철저히 여자를 이용했을 뿐이다.

카사노바가 사람을 이용하는 태도는 긍정적으로 보기 어렵다. 하지만 사람이 아닌 어떤 객체에 대해서는 카사노바의 태도가 낫다. 객체에 대해 철저히 연구하고 많이 알고 있지만, 그 객체를 좋아하거나 싫어하지는 않는 태도 말이다. 싫어하면 많이 알기 힘들다. 그렇다고 좋아하면 그 객체를 이용하기 힘들다. 애착 관계가 들어서면 뭔가 비이성적인 일이 발생하게 된다.

우리가 돈이 많기를 바라는 건 돈 자체를 원하기 때문이 아니다. 돈을 통해서 뭔가 다른 걸 원하기 때문이다. 하고 싶은 것을 하거나, 경제적 자유를 누리거나, 원하는 걸 사거나, 돈으로 사회적 지위를 올리거나 등등 뭔가 목적이 있어서 돈을 원한다. 즉 돈을 이용하기 위해서다. 그러려면 돈을 좋아하거나 싫어해서는 안 된다. 대신 돈에 대한 지식은 많아야 한다. 하지만 돈과 애착 관계가 만들어지면 안 된다. 좋아하고 싫어하는 것 없이 그냥 돈을 많이 알고 이용하는 것, 그럴 때라야 돈을 가장 잘 누릴 수 있다.

돈을 좋아할 필요는 없다. 아니 돈을 좋아해서는 안 된다. 하지만 돈이 어떤 성격을 가지고 있는지, 돈이 있으면 사람이 어떻게 변하고 또 돈이 사람의 생각을 어떤 식으로 움직이게 하는지 등은 알 필요가 있다. 그래야 돈을 잘 이용해서 나를 이롭게 할 수 있다. 돈에 대해 큰 애착은 없이 객관적인 지식을 늘리는 것, 그것이 돈을 잘 활용하는 전제 조건이다.

이야기 셋. "이것만 알면 된다!" "이것만 하면 된다!" 많은 자기계발서는 이런 식으로 이야기한다. 또 족집게 강사도 이런 식으로 말한다. 그러나 정말 '이것만 알면 된다'라는 것만 알고서 시험에서 100점 받는 사람이 있나? 아니 100점은 아니더라도 시험에서 통과한 사람이 있나? 시험 문제가 40개라면, 그 40개를 다 알아야 100점을 받는다. 하나를 알면 1개만 맞힐 뿐이다. 오직 그것 하나만 알아도 40개를 다 알 수 있는 '신비한 하나'가 있지 않을까? 시험 문제를 내는 사람이 바보인가? 하나만 알면 40개를 다 풀 수 있는 문제를 내게. 시험 문제를 내는 사람은 최대한 겹치는 게 없도록 문제를 만든다. 골고루 다 잘 알고 있는지를 파악하기 위해 서로 다른 분야로 나눠서 시험 문제를 내고, 한 분야만 알아서는 고득점이 나오지 못하게 한다.

시험을 통과하기 위해서는 한 분야만 집중적으로 알아서는 안 된다. 여러 분야를 골고루 알아야 한다. 겨울 산을 오르기 위해서는 눈이 왔을 때 길을 찾을 수 있는 방법만 알아서는 안 된다. 그 산에 대해서도 알아야 하고, 등산법도 알아야 하고, 여러 준비물도 갖추어야 하고, 추위를 피하고 이겨낼 수 있는 방법, 탈진하지 않는 방법 등도 알아야 한다. 어느 한 가지만 하면 된다? 인생의 어느 분야에서도 그런 건 없다.

돈에 대한 지식도 마찬가지다. 이것만 알면 더 이상 돈에 구애받지 않을 수 있다는 그런 유일무이한 명제는 없다. 다만 돈에 대한 여러 지식을 계속해서 늘리는 것만이 최선의 길이다. 돈은 사람들에게 큰 영향을 미친다. 그래서 많은 학자들이 돈에 대해 연구한다. 돈이 우리의 삶과 생각에 어떤 영향을 미치는지, 돈으로 인해 사람들의 삶이 어떻게 변하는지, 부자들은 보통 사람들과 어디가 어떻게 다른지 등등에 대해 많은 연구가 이루어지고 있다. 행동경제학에서도 돈을 다루고, 심리학에서도 돈을 다루고, 투자론에서도 돈을 다루고, 사회계급론에서도 돈을 다룬다. 돈에 대한 이런 다양한 측면을 지식으로 아는 건 분명 도움이 될 수 있다. 돈에 얽매이지 않고 돈을 이용하고 또 누리기 위해서는 이런 지식들이 우리 인생에서 꼭 필요하다.

'돈의 심리'에 대해 책 한 권 분량의 이야기를 하고자 한다. 돈에 대한 다양한 지식을 접하는 데 머물지 않고, 돈을 이용하고 누리는 데도 다소나마 도움이 되었으면 한다.*

2024년 9월, 저자

---

* 이 책은 〈주간동아〉에서 저자가 매주 연재하고 있는 칼럼 '돈의 심리' 중 일부를 담은 것으로, 2023년 7월 16일부터 2024년 5월 19일까지의 칼럼 가운데 독자들에게 특히 더 도움이 될 만한 내용들을 가려 뽑아 새롭게 수정 보완한 것임을 알려드립니다.

차례

3장 부자의 심리

4장 투자의 심리

1장

돈이란 무엇인가

THE PSYCHOLOGY
of BIG MONEY

How Money Moves People

THE PSYCHOLOGY of BIG MONEY

돈을 인생의 대안으로 여기게 될 때

많은 사람이 돈을 추구한다. 돈을 가장 우선적으로 추구하는 이유는 돈이 있으면 더 많은 물건을 소유하고 사용할 수 있어서라고 본다. 돈이 있으면 해외여행도 갈 수 있고, 더 맛있는 음식도 사 먹을 수 있다. 더 좋다는 동네에 거주할 수도 있고, 자기가 원하는 명품도 살 수 있다. 하지만 사람이 살아가는 가치가 이렇게 물질적인 풍요에만 있는 것은 아니다. 무엇보다 우리가 유치원생, 초등생, 나아가 중고교생일 때도 물질적인 풍요가 인생에서 그렇게 중요하다고 생각하지는 않았다. 자기 일에서 두각을 나타내는 것, 큰 업적을 남기는 것, 다른 사람들하고 잘 지내는 것, 사회에 봉사하는 것 등등 무형적인 가치가 돈보다 훨씬 더 중요했다. 그런데 왜 나이가 들어서는 돈에 더 가치를 두게 되는 것일까.

"어릴 때는 몰랐는데 나이가 들어 현실을 알게 돼서"라는 것은 제대로 된 대답이 될 수 없다. 성인 중에서도 돈보다 다른 것에 더 가치를 두고 살아가는 사람이 많다. 돈보다 예술, 돈보다 진리, 돈보다 사회 정의, 돈보다 공평을 요구하며 살아가는 사람들이 있다. 물론 그런 사람들이라고 돈을 완전히 가치 없는 것으로 여기는 것은 아니지만, 그래도 돈보다는 다른 무언가에 더 가치를 두는 것이다. 특히 사회에서 소위 잘나간다는 이들 가운데 이런 사람이 많다. 이들은 돈은 중요하지 않다고, 돈보다 다른 무엇을 추구하라고 곧잘 이야기하곤 한다.

인정받는 정도에 따라 돈 중요도 달라진다

그렇다면 돈을 추구한다는 것은 어떤 의미일까. 정말 물질적 측면만이 세상에서 가장 중요하다고 생각하면서 돈을 추구하는 것일까. 이에 관한 유명한 심리 연구가 있다. 2009년 발표된 '돈의 상징적인 힘The Symbolic Power of Money'이라는 연구다.

이 연구는 사회적 스트레스, 신체적 고통과 돈의 관계를 살펴본 것이다. 먼저 실험에 참가한 학생들에게 5분간 자유롭게 토론하라고 했다. 그리고 학생들에게 '다음에 토론할 때는 누구와 같이 토론하고 싶은가'를 적어 내게 했다. 그다음 학생 1명, 1명을 만나 그 결과를 이야기해줬다. 실제 결과와 상관없이 임의로 어떤 학생들에게는 많은 학생이 다음 토론을 너와 함께하고 싶어 했다고 이야기하고, 또 다른 학생들에게는 어떤 학생도 너와는 다시 토론하고 싶어 하지 않는다고 이야기했다. 즉 한 집단에는 사람들로부터 인정받았다는 인식을, 다른 집단에는 사람들로부터 거부당했다는 인식을 심어준 것이다.

이후 학생들에게 동전을 그리라고 했다. 이 실험은 중국 대학에서 중국인 학생들을 대상으로 진행된 것이기에 1위안짜리 동전을 그리게 했다. 심리학은 1940년대 말, 동전 크기를 얼마나 크게 그리는지가 그 사람의 돈에 대한 욕망과 관련 있다는 것을 발견했다. 즉 동전을 크게 그리는 이는 돈에 대한 욕망이 강한 사람이다. 반면 동전을 작게 그리는 사람은 돈을 추구하는 강도가 낮다. 이 실험은 다른 사람들로부터 거부당한 사람과 다른 사람들로부터 인정받은 사람 사이에 돈을 추구하는 정도가 달라지는지 여부를 살펴보고자 한 것이었다.

학생들의 동전 그리기 결과는 어땠을까? 다른 학생들이 너와는 다시 토론하고 싶어 하지 않는다는 이야기를 들은 학생들이 동전을 훨씬 크게 그렸다. 다른 사람에게 기부하고 싶은 금액은 더 적었다. 즉 이 학생들은 돈을 더 중요하게 생각했고, 돈에 더 가치를 두었다. 사람은 누구나 다른 이들로부터 인정받고 싶은 욕구가 있다. 에이브러햄 매슬로Abraham Maslow의 욕구 단계 이론에서 세 번째 욕구가 다른 사람들과 친밀하게 지내는 것이고, 네 번째 욕구가 다른 사람들로부터 존경받고자 하는 욕구다. 그런데 이 학생들

은 다른 사람들로부터 인정받고자 하는 욕구가 좌절됐다. 그 반사
작용으로 돈에 대한 욕구가 강해진 것이다.

돈, 스트레스를 줄이다

이 연구는 신체적 고통과 돈의 관계도 설명하고 있다. 또 다른 실
험에서 학생들에게 여러 단어를 제시했다. 한 집단에는 돌, 점심
같은 중립적인 단어들을 제시했고, 다른 집단에는 두통, 통증, 아
픔 등 신체적 고통과 관련된 단어들을 제시했다. 그다음 학생들에
게 동전을 그려보라고 했다.

　중립적인 단어를 접한 학생들보다 신체적 고통과 관련된 단어
가 주입된 학생들이 동전을 더 크게 그렸다. 신체적 고통을 떠올
린 학생들은 그에 대한 보상 대응으로 돈을 더 추구했다. 돈이 많
으면 신체적 고통으로 발생하는 괴로움이 완화될 수 있다는 인식
메커니즘이 작동한 것이다.

　이 실험들이 의미하는 바는 무엇일까. 돈이 단순히 돈이 아니
라는 것, 돈이 단순히 물질적 보상만 의미하는 것은 아니라는 점
이다. 돈은 물질적 보상이기는 하지만 그 이상의 상징적인 힘을 가
지고 있다. 사회적 스트레스를 해결하고, 육체적 고통을 완화할
수 있는 수단이기도 하다. 돈이 정신적 고통과 신체적 고통을 줄
이는 수단이 될 수 있기에 사람들은 돈을 더 추구하는 경향이 있

는 것이다.

이런 이유로 돈을 추구한다면 안 좋은 것일까. 아니다. 이때 돈은 인생의 대안이 될 수 있다. 우리는 어릴 때부터 돈을 추구한 것이 아니다. 청소년 때만 해도 사회에 나가 자기 분야에서 잘나가기를, 그리고 다른 사람들로부터 인정받기를 바랐다. 돈은 부차적이다. 그런데 막상 사회에 진출해 활동하다 보면 자기 업무 분야에서 성공하고, 나아가 다른 사람들로부터 인정받는 것이 쉽지 않다는 사실을 알게 된다. 어느 분야에서든 잘한다고 인정받는 사람은 소수일 뿐이다. 한 분야에서 대다수 사람이 잘한다고 인정받을 수는 없다.

자신이 바라는 만큼 업무에서 인정받지 못한 사람은 이번 생을 포기한 채 열등감을 가지고 살아가야 하나. 이 연구는 그렇지 않다는 것을 시사한다. 업무에서는 자신이 원하는 상태를 달성하지 못했지만, 그 대신 돈을 벌면 충분히 만족스러운 삶이 될 수 있다. 자기 업무 분야에서 성공하지 못해도 충분히 성공적인 삶이 될 수 있는 것이다. 돈을 번다는 것은 그런 상징적인 의미를 가진다.

한 분야에서 성공한 사람이 돈은 중요하지 않다고 말하는 것도 이런 측면에서 이해할 수 있다. 한 분야에서 성공한 사람은 충분히 주위 사람들로부터 인정받아 만족하고 있다. 특별히 돈이 없어도 된다. 그러니 진심으로 돈이 중요하지 않다고 말할 수 있다. 하지만 자기 분야에서 그 정도로 인정받지 못하는 사람은 돈이라도 있어야 자존감이 커진다.

이런 측면에서 자본주의 사회는 그래도 보통 사람이 삶의 만족도를 높이는 것이 가능한 사회라고 볼 수 있다. 귀족 사회, 양반 사회에서는 귀족과 양반은 만족감이 크지만, 귀족이나 양반이 아닌 사람은 불만이 많다. 하지만 그 불만을 해소할 수 있는 방안이 없다. 귀족 사회, 양반 사회에서 돈을 추구하는 건 상놈이나 하는 짓이고, 설령 돈을 번다 해도 사회적 최하층 취급을 받는다. 업무 전문성을 추구하는 전문가 사회에서는 전문가여야 만족도가 높기 때문에 전문가에 이르지 못한 대다수 사람은 삶의 만족도를 높일 수 있는 길이 없다.

자본주의 사회에서 돈의 의미

자본주의 사회는 돈에 대한 추구가 정당한 것으로 인정받는 사회다. 자본주의 사회라고 모두가 돈, 돈 하는 것은 아니다. 돈을 목적으로 하지 않고 자신의 이상이나 꿈을 추구하는 사람도 있다. 예술 분야에서, 학문 분야에서, 정치·사회봉사 분야에서 자신의 꿈을 이루려 노력하고, 또 실현하는 사람이 많다. 문제는 이것 또한 부족한 사람들이다. 이들은 어디에서 어떻게 삶의 만족도를 올려야 할까.

돈을 벌면 된다. 돈은 다른 사람들로부터 인정받는 사회적 가치를 대신해 개인의 만족감을 올려줄 수 있다. 사회적으로 스트레스를 받는 상황에서 대안이나 목적이 될 수 있다. 신체적 고통, 마음의 고통이 발생했을 때 그 고통을 완화해줄 수 있는 대안이 되기도 한다. 돈은 단순히 물질적 이유만으로 추구되는 것이 아니다. 돈은 정신적·육체적 괴로움을 보상하는 수단이 될 수 있다. 돈의 진정한 의미는 바로 여기에 있다.

How Money Moves People

02

로또를 맞으면 나는 행복해지고 당신은 불행해진다?

많은 사람이 돈이 더 많았으면 하고 바란다. 돈을 더 벌기 위해 노력하는 사람이든, 노력하지 않고 그냥 바라기만 하는 사람이든 상관없이 일단은 돈이 더 많기를 원한다. 그런데 돈이 많아지면 어떤 변화가 생길까. 드라마나 영화를 보면 처음에는 착하고 성실했던 사람이 돈이 많아지면 성격이 변하는 경우가 많다. 대부분 안 좋은 쪽으로 변한다. 거만해지고, 주위 사람을 배려하지 않으며, 이기적이고 독선적인 인간이 되는 것으로 묘사된다. 영화나 드라마 같은 대중매체는 일반 사람의 의식을 반영한다. 즉 많은 사회 구성원이 돈이 많아지면 인간적으로 더 안 좋은 사람이 된다고 생각하는 것이다. 이렇게 돈이 많아지면 인간성이 나빠진다고 생각하면서도 왜 부자가 되기를 바라는 걸까.

돈으로 불행해지는 건 남의 얘기일 뿐

돈이 많아지면 어떤 변화가 생길 것으로 생각하는지에 대한 재미있는 연구 결과가 있다. 안서원 서울과학기술대 교수 연구팀은 2012년 〈한국심리학회지〉에 발표한 '사람들은 돈이 어떤 변화를 가져온다고 생각하는가?'라는 연구를 통해 돈이 많아지면 자신에게 어떤 변화가 생길지, 그리고 다른 사람에게 어떤 변화가 생길 것으로 기대하는지에 대한 조사를 했다.

돈이 많아지면 어떤 변화가 일어날까. 우선 모두가 예상할 수 있듯이, 물질적인 소비 수준이 달라질 것이다. 입고 있는 옷이 달라지고, 타고 다니는 차가 달라진다. 더 좋은 것을, 더 많이 소비한다. 또한, 활동이나 취미 활동도 증가할 테다. 자신이 돈이 많아지든, 다른 사람이 돈이 많아지든 누구나 돈이 많아지면 이런 변화가 일어날 것이라고 생각한다. 돈이 가져오는 가장 기본적인 변화다.

그런데 돈으로 인한 변화는 이런 외적 요소에 한정되지 않는다. 마음이나 생활의 여유도 달라질 것으로 본다. 물론 더 좋은 방향으로 변화되리라고 생각한다. 더 행복해질 것이라 생각하고, 자기계발이 더 이뤄지는 등 삶의 여유도 증가할 것으로 기대한다. 또 돈이 많아지면 대인관계도 더 좋아질 것이라고 생각한다. 돈은 단순히 물질적 수준만 높이는 것이 아니라, 사람들과의 관계를 더 좋아지게 만드는 윤활제 역할도 한다고 본다. 이런 변화는 일시적인 것이 아니라 장기적으로 지속되는 것이라고 생각한다. 즉 자기 자신이나 다른 사람이 돈이 많아지면 외적 조건, 대인관계, 삶의 여유 측면에서 상당히 달라지리라 기대하는 것이다.

그렇다면 돈으로 인한 이런 변화는 자기 자신에게, 그리고 다른 사람들에게 긍정적인 것일까, 부정적인 것일까. 앞에서 살펴본 돈으로 인한 외적 요소의 변화, 삶의 여유 등은 자신에게나 타인에게나 거의 동일하게 이뤄진다고 생각한다. 즉 돈이 많아졌을 때 자신의 소비 수준이 달라지듯이 다른 사람도 돈이 많아지면 소비 수준이 달라질 것이라고 보는 것이다. 다만, 자신에게나 다른 사람에게나 동일한 효과가 발생할 것이라고 보면서도 돈으로 인한 이런 변화가 긍정적이냐 부정적이냐는 측면에서만큼은 자신에 대한 효과와 다른 사람에 대한 효과가 다를 것으로 생각한다.

돈이 많아지면 사람은 변한다. 그런데 이런 변화는 긍정적일까, 부정적일까. 나 자신의 변화는 긍정적이다. 소비생활의 변화, 여유, 대인관계, 나의 미래는 긍정적으로 변화할 것이다. 그런데 다른 사람이 돈이 많아지면? 다른 사람의 변화도 긍정적이기는 하지만, 나 자신이 긍정적으로 변화하는 것보다는 정도가 많이 떨어진다. 그 대신 다른 사람들은 부정적으로 변화할 것이라는 인식이 강하다. 즉 자기 자신은 돈이 많아지면 좋은 쪽으로 변화할 것이라는 기대가 높지만, 다른 사람들은 안 좋은 쪽으로 변할 가능성이 크다고 생각한다. 돈으로 인한 변화에도 '자기 편향성'이 존재하는 것이다.

자기 편향성은 실제보다 자신을 굉장히 긍정적이고 우수하다고 보는 인식의 오류다. 가장 대표적인 것이 '평균과 비교할 때 내가 운전을 잘하는지 못하는지'에 대한 판단이다. 평균과 비교하는 것이니 이런 질문에 대한 응답은 50%가량이 나와야 정상이다. 하지만 실제 이런 질문을 했을 때 운전자의 90%는 자기가 평균보다 운전을 더 잘한다고 응답한다. 평균보다 운전을 못하는 사람이 스스로 운전을 잘한다고 인식하고 있다는 뜻이다.

다른 사람과 소통을 잘하느냐는 질문에는 응답자의 60% 정도가 자기는 의사소통 능력에서 상위 10%에 든다고 답한다. 평생 봉사 활동을 해 성인으로 인정받은 마더 테레사가 천국에 갔을 것이라고 예상한 사람은 약 80%다. 그런데 자기 자신이 천국에 갈 것이라고 생각하는 사람은 90%가 넘는다. 사람은 보통 자기 자신을 긍정적으로 판단하는 자기 편향성을 지닌다. 그런데 돈으로 인한 변화에도 자기 편향성이 존재한다. 즉 돈이 많아지면 자기 자신은 긍정적으로 변하지만, 다른 사람은 부정적으로 변할 가능성이 크다는 인식이다.

사람들은 돈이 많아지면 인격이 더 나빠지고 오만해지며 이기적인 행태를 보이는 등 여러 가지 부정적인 영향이 발생할 것이라고 생각한다. 가족이 재산 때문에 싸우기 시작하고, 돈 때문에 불행해진다. 로또에 당첨된 사람은 그 돈을 제대로 관리하지 못해 얼마 못 가서 오히려 파산하고, 가족, 친구들도 뿔뿔이 흩어진다. 그런데 이런 부정적인 영향은 어디까지나 다른 사람에게서만 발생한다. 나 자신은 그렇지 않다. 나는 돈이 많아졌다는 이유로 인격, 성격이 변하지 않는다. 돈은 단지 나의 외적 생활만 변화시킬 뿐, 태도나 가치관 같은 내적 요소들이 돈 때문에 변하지는 않는다. 설령 변한다 해도 더 관대하게 바뀌는 등 좋게 변화한다. 돈 때문에 불행해지는 건 다른 사람들 얘기일 뿐이다.

부자는 나쁘지만 부자가 되고 싶다

돈에 대한 이런 자기 편향성은 부자들을 부정적으로 보면서도 자신은 부자가 되고 싶다는 이중적인 면을 잘 설명한다. 부자들은 돈 때문에 괴로운 일이 발생하고 왜곡된 가치관과 나쁜 성격을 지니고 있다. 하지만 나에게는 그런 일이 일어나지 않는다. 다른 사람들은 나쁜 부자가 됐지만, 나는 좋은 부자가 될 것이 확실하다. 그래서 사람들은 나쁜 부자는 비판하면서도 자기 자신은 부자가 되기를 바란다.

그럼 실제로 돈이 많아지면 생활은 물론, 태도와 행동도 크게 변화할까. 내가 보기에는 이는 어떤 식으로 돈이 많아졌느냐에 따라 달라진다. 어느 날 갑자기 로또에 당첨되는 식으로 돈이 많아졌다면 그 변화를 스스로 느낄 만큼 크게 변화한다. 매달 200만 원 수입으로 살던 사람에게 갑자기 10억 원이 떨어지면 바로 소갈비를 먹고, 자동차를 바꾸고, 이사를 하는 등 큰 변화가 생길 것이다. 이렇게 외적 생활이 달라지면서 자신의 태도, 마음가짐도 확 바뀔 가능성이 크다.

진짜 부자와 벼락부자의 차이

그런데 부자는 대부분 이런 식으로 갑자기 되지 않는다. 매달 200만 원을 벌다가 300만 원, 400만 원, 500만 원으로 점점 늘고 월 1,000만 원이 된다. 재산도 5,000만 원이었다가 점차 1억, 2억, 3억으로 늘어 10억 원이 된다. 이러면 외적 생활의 변화도 점진적이다. 라면만 먹다가 비빔밥을 먹고, 이후 돼지고기를 사 먹게 되다가 소고기를 먹고, 그리고 고급 스테이크를 먹는다. 라면만 먹다가 어느 날 갑자기 고급 스테이크를 사 먹으면 그건 강렬한 기억이 되고 변화가 된다. 하지만 소고기를 먹고 한우를 먹다가 그다음 고급 스테이크를 사 먹으면 그냥 소소한 경험일 뿐이다. 한 번 해봤다는 기억만 남을 뿐, 스스로 크게 변화했다는 느낌이 없다. 갑자기 더 행복하다고 느끼는 것도 물론 아니다.

월 200만 원을 벌다가 어느 날 갑자기 1,000만 원을 벌거나, 전 재산이 5,000만 원이었다가 갑자기 10억 원이 되면 분명 사람은 변한다. 하지만 월 200만 원, 300만 원, 400만 원, 500만 원 식으로 돈이 많아지면 그 변화를 크게 인식하지 못한다. 변하기는 하겠지만, 스스로 이렇게 달라졌구나 하고 체감하지는 못한다. 외적 생활수준뿐 아니라 태도나 가치관도 마찬가지다. 10년, 20년을 두고 돌아보면 많이 변했을 것이다. 하지만 평소에는 그 변화를 느낄 수 없다. 부자는 대부분 어느 날 갑작스런 로또 당첨 덕분이 아니라 점진적으로 되는 것이다. 그래서 돈이 많다고 갑자기 생활수준이나 태도, 가치관이 확 바뀌는 경우는 드물다. 이런 변화도 점진적이다. 그 변화를 느끼지 못하는 것이 대다수 부자의 현실일 것이다. 그런 의미에서 어느 날 갑자기 내가 큰 부자가 된다면, 나는 어떤 식으로 변하게 될지 스스로 냉정하게 생각해보는 시간을 갖는 것도 돈에 대한 자신의 태도, 혹은 철학을 점검하는 데 도움이 될 것이다.

How Money Moves People

03

돈이 얼마나 있어야 부자일까?

많은 사람이 부자가 되고 싶어 한다. 그렇다면 돈이 어느 정도 있어야 부자일까. 10~20억 원 정도 있으면 부자인 것 같다. 그런데 막상 주위에서 이 정도 자산을 가진 사람을 보면 돈 걱정 없이 살지 못한다. 본인 스스로도 부자라고 생각하지 않는다. KB경영연구소가 지난 2022년 금융자산 10억 원이 넘는 성인 남녀 400명을 대상으로 조사해 펴낸 〈한국부자보고서〉에 따르면 이들은 자산이 100억 원은 되어야 부자라고 여겼다.

　부자가 되기 위해서는 어느 정도 돈이 필요할까. 먼저 부자는 어떤 사람인지부터 알아보자. 부자에 대한 정의는 간단하다. 돈 걱정을 하지 않는 사람, 돈을 벌려고 일하지 않아도 먹고살 수 있는 사람이 부자다. 먹고사는 걱정 없이 일 자체가 좋아서 하는 사람 역시 부자다. 반면 일을 그만두면 먹고살 길이 막막한 사람은 부자가 아니다.

물건 가격에 상관없이 사고 싶은 것을 맘대로 살 수 있는 사람도 부자다. 반대로 특정 물건이 사고 싶지만 비싸서 망설여지거나 가격이 신경 쓰인다면 진정한 부자가 아니다. 파이어족(경제적 자립을 이루고 조기 은퇴한 사람)은 일하지 않아도 살아갈 수 있다지만 마음대로 지출할 수는 없다. 가령 월임대료 100만 원인 오피스텔과 상가를 2~3개 가지고 있으면 월 200~300만 원 수입이 생긴다. 일하지 않아도 파이어족으로 살 수 있는 것이다. 그러나 이 정도 수입으로는 마음 가는 대로 지출할 수 없다. 파이어족이라 일을 하지 않지만 부자는 아닌 셈이다.

부자란 돈 걱정 않는 사람

사람들이 돈이 많다고 할 때 그 기준은 보통 2가지다. 소득이 많거나 자산이 많은 경우다. 보통 연봉 1억 원 이상이면 고소득자로 분류된다. 연봉 2억 원이 넘으면 굉장한 부자로 여겨진다. 2020년 기준 연봉 1억 원은 한국의 소득 상위 4.4%이고 연봉 2억 원은 상위 1% 정도다. 이 정도면 충분히 부자 아닐까.

그런데 막상 연봉 1~2억 원을 받는 사람은 본인이 부자라는 것을 실감하지 못한다. 연 수입이 몇억 원에 달하지만 돈 걱정에서 벗어나지 못하는 것이다. 계속 돈 걱정을 하는 사람을 부자라고 할 수는 없지 않은가.

수입이 많아도 돈 걱정에서 자유롭지 못한 까닭은 무엇일까. 일단 수입은 있지만 집이 없는 경우다. 서울의 부동산 가격 중윗값은 10억 원이 넘는다. 연봉이 2억 원에 달해도 세금을 뗀 실수령액은 1억 2,000만 원(월 1,000만 원) 정도다. 월급을 모두 저축하더라도 집을 사는 데 10년이 걸린다. 반은 생활비로 쓰고 반은 저축하면 20년이 지나야 집을 살 수 있다. 도중에 대출받아 집을 산다 해도 어차피 대출을 갚기까지 20년이 걸린다. 그사이 생활비는 월 500만 원으로 한정된다.

무엇보다 이 수입으로는 돈 걱정 없는 소비활동을 할 수 없다. 한국에서 가격에 상관없이 자기가 먹고 싶은 것, 사고 싶은 것을 살 수 있으려면 실제 연 수입이 2억 원 이상은 돼야 한다. 고깃집에서 한우 생갈비가 먹고 싶으면 그냥 시키고, 여행을 가고 싶으면 그냥 가고, 자녀가 학원에 가고 싶다고 할 때 학원비를 생각하지 않고 보낼 수 있는 삶이다. 대략적으로 매달 1,000만 원을 훨씬 넘는 지출이 생기는데 그럼 최소 연봉 4~5억 원은 돼야 한다. 연봉 4억 원일 때 세금 등을 제외하면 실수령액이 2억 4,000만 원, 월 2,000만 원 정도 되기 때문이다.

연봉이 4억 원을 넘는 사람은 극히 드물다. 대기업 사장급은 돼야 이 정도를 받는다. 문제는 이들도 본인이 진짜 부자라고 생각지 않는다는 점이다. 사장은 정년 때까지 할 수 있는 직급이 아니다. 사장을 그만두면 바로 소득이 급전직하한다. 65세가 넘으면 국민연금을 받는데 최고액이 월 240만 원 정도다. 연봉 4억 원이 넘는 고소득자도 사장직을 그만두면 순식간에 저소득자가 돼버리는 셈이다. 현직에 있을 때부터 자산관리를 해야 하는 이유다. 물론 연봉이 몇십억 원 이상이라면 은퇴 뒤에도 부자로 살 수 있다. 하지만 연봉 몇억 원 정도로는 어림도 없다. 소득만 가지고는 부자가 되기 힘들다.

자산 규모 역시 부자의 기준이 될 수 있다. 부동산이나 금융자산이 많은 경우 부자로 보기 때문이다. 한화생명의 조사에 따르면 2021년 기준 자산 규모 한국 상위 1%의 순자산은 29억 원이다. '순자산 29억 원'이면 엄청난 부자 같다. 그런데 이 중 많은 사람이 부자의 삶을 살지 못한다. 자산 대부분이 부동산이기 때문이다. 아파트는 가지고 있는데 돈이 없는 경우가 상당수다.

빌딩과 오피스텔, 상가 등을 갖고 있어 월세를 받는다고 해도 마찬가지다. 가령 부동산 자산이 30억 원인 사람이 있다고 치자. 30억 원이 모두 수익형 부동산인 경우 월세 1,000만 원을 받을 수 있다. 그런데 10억 원 아파트에 산다면 수익형 부동산은 20억 원이 되고, 월세 수입은 600만 원으로 줄어든다. 살고 있는 아파트가 비쌀수록 월세 수입이 줄어드는 것이다. 실제 한국에서 순자산 상위 1%의 한 달 생활비는 월 500만 원이다. 즉 가격을 고려하지 않는 소비생활이 불가능한 것이다. 이들 역시 가격을 확인하고 주어진 예산에서 지출할 수 있도록 항상 점검한다. 자산이 많아도 부동산 비중이 높다면 큰 의미가 없는 것이다.

100억 원대 부동산을 가지고 있다면 모를까, 몇십억 원대 부동산 부자는 사실 부자로 살아가기가 어렵다. 이 때문에 금융기관은 부동산 외에 금융자산이 어느 정도인지를 기준으로 부자 여부를 판단한다. 금융기관은 보통 부동산 이외에 10억 원 이상 금융자산을 가진 경우를 부자로 본다. 금융기관의 주요 VIP 고객은 보통 금융자산 30억 원 이상을 가진 사람이다.

금융기관이 현금 등 금융자산을 특히 중시하는 이유는 이들이 잠재 고객이기 때문이다. 부동산 자산이 많은 사람은 현금이 부족하기에 금융기관에 맡길 돈이 별로 없다. 금융자산이 10억 원 이상인 사람은 금융기관에 돈을 맡길 수 있다. 금융기관이 금융자산을 기준으로 부자를 분류하는 이유다.

분명 부자로 보이는데……

얼마나 돈이 많아야 부자로 살 수 있을까. 객관적으로 볼 때 상위 1%에 해당하면 부자다. 소득을 기준으로 하면 연봉 2억 4,000만 원 이상인 사람이 부자다. 자산을 기준으로 하면 순자산 29억 원 이상이다. 금융기관 평가를 기준으로 하면 금융자산 10억 원을 넘는 사람인데, 이들은 2021년 기준 42만 4,000명 정도로 상위 0.82%에 속한다(그래프 참조).

금융자산 10억 원 이상인 한국 부자 수 추이   (단위: 1,000명)

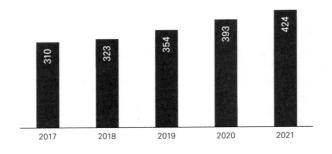

2017	2018	2019	2020	2021
310	323	354	393	424

자료: KB경영연구소

이 사람들은 객관적 기준으로 보면 분명 부자다. 그런데 '진짜 부자'를 판단하는 기준인 '일하지 않아도 살아갈 수 있는 사람' '가격에 신경 쓰지 않고 일상적인 지출을 할 수 있는 사람' 등으로 보면 이들도 진정한 부자라고 보기 어렵다. 연봉 5억 원을 받아도 계속 일해야만 살 수 있기 때문이다. 순자산 30억 원이 있어도 고급 음식점에 가면 가격을 고려해 메뉴를 선택해야 한다.

분명 부자로 보이는데 막상 자신은 부자가 아니라는 사람, 부자가 되기 위해서는 100억 원은 있어야 한다고 말하는 사람이 많은 이유도 이 때문이다. 100억 원은 있어야 일하지 않아도 먹고살 걱정이 없고, 돈 걱정 없이 마음대로 지출할 수 있다. 그런데 요즘 서울 강남 아파트는 한 채에 50억 원이 넘는 경우가 많다. 이 지역을 부담 없이 선택할 수 있으려면 100억 원도 부족하다. 200억 원은 있어야 부동산도 돈을 고려하지 않고 살 수 있다.

 돈 걱정 없이 사는 진짜 부자는 정말 드물다. 우리가 보기에 부자인 것 같은 사람도 모두 돈 걱정을 하고 돈을 아끼면서 살아간다. 부자들이 일반 사람과는 많이 다를 것이라고 생각해서는 이들의 마음과 행동을 이해하기 어려울 것이다.

How Money Moves People

04

성과급을 많이 받으면 더 열심히 일할까

사람들에게 무언가를 하게 하거나, 지금 하는 일을 더 열심히 하게 할 때 일반적인 보상 수단은 돈이다. "이거 하면 돈 줄게" "더 잘하면 돈을 더 줄게" 등의 말로 유혹한다. 일을 더 잘했을 때 성과급을 지급하는 것이 대표적인 예다. 또한 학생에게도 시험을 잘 보면 돈이나 선물을 준다는 식으로 얘기하기도 한다. 그렇다면 사람들은 정말 돈을 더 받으면 더 열심히 노력할까.

철봉 매달리기 실험

이에 관한 대표적인 연구로 1950년대 로버트 슈와브^{Robert Schwab}

미국 뇌파학 박사 연구팀의 '철봉 매달리기' 실험이 있다. 연구팀은 먼저 남자들이 철봉에 얼마나 오래 매달리는지 측정했다. 오래 버티는 사람도 있고 못 버티는 사람도 있지만, 평균 50초가량 매달렸다. 그다음에는 매달리기를 하는 사람들에게 "힘내!" "조금만 더!"라며 응원을 보냈다. 조금이라도 더 매달려 있을 수 있도록 정신적인 도움을 준 것이다. 그렇게 하니 시간이 조금 늘어 평균 75초가량 철봉에 매달려 있었다. 주변의 격려, 응원, 정신적 지원 등에 힘입어 50% 정도 시간이 늘어난 것이다.

그다음에는 지난번보다 더 오래 매달리면 5달러씩을 준다고 했다. 실험 참가자들은 자기가 몇 초 동안 매달려 있는지 스스로는 알지 못했다. 그냥 스스로 버틸 수 있을 때까지 버티는 것이었다. 그런데 돈을 준다고 하니 사람들이 더 오랜 시간 매달렸다. 기록은 120초 가까이 됐다. 그냥 매달리기를 할 때보다 2배 이상 더 오래 매달렸고, 정신적인 응원과 격려만 할 때보다도 50% 정도 더 매달렸다. 돈을 주면 사람들은 더 열심히 한다는 것이 증명된 셈이다.

물론 실험에 참가한 사람들이 돈을 주기 전에는 열심히 매달리지 않다가 돈을 준다고 하니 더 열심히 매달린 건 아니다. 그냥 매달리기를 할 때도, 응원을 받으며 매달리기를 할 때도 최선을 다해 오래 버텼다. 일부러 힘을 빼거나 게으름을 피우거나 한 건 아니었다. 하지만 돈을 준다고 하니 더 오래 매달릴 수 있었다. 최선을 다했다고 하지만 그 수준이 달랐던 것이다. 이처럼 돈은 자신의 한계를 넘어 더 열심히 하게 하는 힘을 갖고 있다.

큐브 맞추기 실험

단기적으로 돈은 사람으로 하여금 더 열심히 하게 만든다. 그렇다면 장기적으로도 효과가 있을까. 이에 대한 유명한 연구가 에드워드 데시Edward Deci 미국 로체스터대 사회심리학 교수의 '큐브 맞추기 실험'이다.

데시 교수는 실험에 참가한 학생들에게 소마큐브soma cube를 맞추게 했다. 소마큐브는 다양한 모양의 조각들로 특정 모양의 큰 조각을 만드는 퍼즐로, 쉽지 않고 맞추는 데 시간도 오래 걸린다. 연구팀은 학생들에게 과제 4개를 부여했으며, 소마큐브를 맞추는 데 걸리는 평균 시간보다 적은 13분을 줬다. 제한 시간 13분이 끝난 뒤 휴식 시간이 주어졌고, 실험방에는 휴식 시간을 보낼 수 있는 다양한 도구가 준비돼 있었다. 연구자들은 휴식 시간에 학생들이 무엇을 하는지 관찰했다. 학생들은 퍼즐을 맞추는 데 재미를 느껴 휴식 시간에도 계속해서 소마큐브에 매달렸다.

휴식 시간이 끝나고 실험 참가자들을 3개 그룹으로 나눠 2차 실험에 들어갔다. 첫 번째 그룹에는 큐브 퍼즐 하나를 맞출 때마다 상금 1달러씩을 준다고 했다. 이 실험은 1971년에 진행됐는데, 당시 1달러는 현재 몇만 원의 가치가 있다. 두 번째 그룹에는 아무런 조치를 취하지 않고 1차 실험과 똑같은 제한 시간만 뒀다. 세 번째 그룹에는 소마큐브 퍼즐 하나를 맞출 때마다 칭찬을 해줬다. 즉 퍼즐을 맞추면 첫 번째 그룹에는 돈을 줬고, 세 번째 그룹에는 칭찬을 했으며, 두 번째 그룹은 그냥 내버려뒀다.

세 그룹에 다시 한 번 소마큐브를 정해진 시간 안에 풀게 했다. 학생 대부분이 정해진 시간 안에 주어진 4개의 과제를 다 풀지는 못했다. 그리고 다시 휴식 시간이 주어졌다. 처음 실험에서는 휴식 시간에 모든 학생이 계속해서 큐브 게임에 매달렸다. 그런데 두 번째 휴식 시간에는 달랐다. 다른 조치가 없었던 두 번째 그룹, 그리고 큐브를 맞추면 칭찬을 해준 세 번째 그룹은 휴식 시간에도 계속해서 큐브 맞추기를 했다. 반면 큐브를 맞출 때마다 돈을 준 첫 번째 그룹은 대부분 휴식 시간에 큐브 게임을 하지 않았다. 미리 준비해놓은 잡지를 보는 등 다른 일에 시간을 보냈다. 이 첫 번째 그룹도 첫 실험에서는 휴식 시간에 열심히 큐브를 맞추던 학생들이었다. 그런데 막상 돈을 주니 이제는 더 이상 휴식 시간에 큐브를 건드리지 않았다.

마지막으로 세 그룹에 다시 한 번 소마큐브를 맞추게 했다. 다만 처음 했을 때처럼 아무런 보상이 없었다. 즉 큐브를 맞췄다고 돈을 주거나 칭찬을 하거나 하지 않았다. 그러자 첫 번째 그룹은 의욕이 크게 떨어졌다. 소마큐브를 맞추는 데 열심히 집중하지 않았고, 설렁설렁한 모습을 보였다. 아무런 조치가 없었던 두 번째 그룹은 지금까지와 똑같은 모습이었다. 그리고 칭찬을 해준 세 번째 그룹은 기분이 더 좋아진 상태에서 소마큐브를 맞췄다.

돈의 효과는 단기적이다

실험 결과는 분명했다. 돈은 단기적으로 더 열심히 뭔가를 하게 만드는 힘이 있다. 하지만 돈은 소마큐브처럼 하는 일 그 자체에 대한 관심이나 집중은 떨어뜨린다. 돈을 받은 학생들은 휴식 시간에 더는 큐브를 가지고 놀지 않았다. 그리고 이후 실험에서 돈을 주지 않자 그 행위 자체에 흥미를 잃었다.

칭찬은 일에 대한 흥미를 증진했지만, 돈은 아니었다. 돈을 받으면 더는 재밋거리가 아니라 일이 된다. 스스로 열심히 하려는 동기가 사라진다.

이후 유사한 연구가 계속 시행됐다. 유치원생들을 대상으로 그림을 그리게 한 실험도 있었다. 그림을 재미있게 그리는 유치원생들에게 그림을 그리면 돈 같은 물질적 보상을 주거나 칭찬을 해줬다. 물질적 보상을 받은 유치원생들은 쉬는 시간에 더는 그림을 그리지 않았다. 칭찬을 받은 유치원생들은 쉬는 시간에도 계속해서 그림을 그렸다. 돈, 나아가 물질적 보상은 그 일을 정말 열심히 하는 데 도움이 되지 않았다. 오히려 순수하게 재미와 흥미를 느껴서 한 일들에 대해 더는 재미를 느끼지 못하게 하는 부정적 역할을 했다.

하기 싫은 일에는 돈이 효과적이다

많은 학자가 이 큐브 실험과 그림 그리기 실험 결과를 기반으로 돈은 사람들이 일을 열심히 하는 데 큰 영향을 미치지 않는다고 주장한다. 기업에서 성과급을 주고 월급을 올려주는 것이 그 일을 정말로 열심히 하게 만들지는 못한다. 오히려 자기 업무에 대한 흥미를 뺐고, 돈을 안 주거나 덜 주면 더는 일하지 않으려 하는 문제를 발생시킨다. 다만, 이 실험 결과들을 바탕으로 기업의 성과급 지급에 반대하기에는 한계가 있다. 소마큐브를 맞추는 건 사람들이 재미를 느끼면서 할 수 있다. 그림을 그리는 것도 스스로 재미있어서 할 수 있다. 이런 일들에 대한 보상으로 돈을 주는 것은 오히려 열심히 하지 않게 하는 계기가 된다.

하지만 회사 업무는 이런 것들과 다르다. 하루 종일 보고서를 만드는 일, 엑셀에 숫자를 집어넣는 일, 진상 고객을 상대하는 일, 다른 사람들이 버린 쓰레기를 처리하는 일 등은 하고 싶어서 하는 일이 아니다. 아무도 이런 일들에 흥미와 재미를 느끼며 열심히 하려고 달려들지 않는다. 물론 이런 일들에 재미를 느끼는 사람도 있을 수 있다. 하지만 최소한 기업이 유지되고, 사회가 유지될 정도로 그 수가 많지는 않다.

노는 일, 예술적 활동 등은 돈을 지급하는 게 열심히 하는 데 방해가 될 수 있다. 하지만 진심으로 좋아하지 않는 사람에게 그 일을 열심히 하도록 하는 데는 돈이 효과가 있다. 스스로 철봉에 오래 매달리기를 좋아하는 사람에게는 돈이 필요 없다. 하지만 철봉 오래 매달리기를 즐기지 않는 사람들을 더 오래 매달리게 하고자 할 때는 돈이 영향을 미친다. 돈은 진심으로 좋아하지 않는 일을 열심히 하도록 한다. 이게 아마 정답일 것이다.

How Money Moves People

05

큰돈 앞에서 사람들은
왜 약탈자로 돌변할까

뉴스를 보면 큰돈을 횡령하는 사람이 참 많다. 금융회사 고위직 간부가 고객들이 예금한 돈을 빼돌려 사리사욕을 채우고, 아주 위험한 금융상품을 금융 지식이 부족한 일반인에게 판매해 이익을 챙기기도 한다. 명시적으로 불법은 아니라 해도 부당하고 불공정한 행위를 통해 고객 돈을 가져간다. 전세 사기범은 작정하고 전세 세입자 수백 명을 대상으로 사기극을 벌인다. 회사 내에서도 직원들에게 가야 할 돈을 가로채 큰 이익을 챙기는 횡령 사건이 계속해서 발생한다. 다수의 사람으로부터 투자금을 모은 후 써버리는 유사수신행위는 잡아도 잡아도 또 생겨난다.

그런데 이상한 점이 있다. 이렇게 큰 금융범죄를 저지른 사람은 다른 이들에게 손실을 끼치면서 자기 이익만 챙기는 이기적인 사람이다. 하지만 막상 이런 사건의 피해자들 말을 들어보면 범죄자가 굉장히 좋은 사람이었다고 한다. 다른 이를 잘 배려하고, 다른 이들에게 돈도 공정하게 잘 쓰는 사람이었다고 말한다. 하긴 그렇게 좋은 사람이니 금융기관에서 고위직까지 올랐을 테고, 회삿돈을 다루는 직위를 맡았을 것이다. 또 그렇게 돈에 욕심을 부리지 않는 사람이기에 큰돈을 맡겼을 테다. 항상 돈, 돈 하는 사람, 다른 이를 금전적으로 전혀 배려하지 않는 사람에게 큰돈을 맡기지는 않는다.

큰돈을 횡령한 사람, 큰돈을 사기 친 사람은 평소 좋은 사람이었을 것이다. 구걸하는 이에게 돈을 적선하는 사람일 수도 있고, 구호단체에 기부금을 잘 내는 사람일 수도 있다. 그런데 그런 착한 사람이 다른 이들의 돈을 착복한다. 돈 욕심을 부리는 이기적이고 나쁜 사람은 주위의 몇 명만을 피해자로 만들 뿐이다. 하지만 평소 착했던 그 사람이 거대한 금융범죄를 일으킨다. 이런 사람은 그동안 자신의 참모습을 숨기고 다른 이들을 속여왔던 것일까. 몇십 년간 본모습을 숨기면서 큰돈을 움직일 수 있는 자리에 오를 때까지 참고 인내하며 살아온 것일까.

대다수의 사람은 공정성을 중시한다

카를로스 알로스페레르Carlos Alós-Ferrer 스위스 취리히대 교수 연구팀은 금융기관, 대기업, 경제정책 결정자가 자기 이익을 위해 일반인에게 대규모 손실을 안기는 행태가 어떤 메커니즘으로 일어나는지를 알아보고자 '대강도 게임^{big robber game}'을 고안했다. 경제학에서는 사람들의 이기심, 공정성 여부를 파악하기 위해 독재자 게임, 최후통첩 게임 등을 만들어왔다. 독재자 게임은 실험에 참가한 2명 중 1명에게 독재자 지위를 부여한다. 한 팀에 10만 원을 준 다음 독재자로 하여금 마음대로 돈을 분배하게 한다. 자기가 10만 원을 모두 갖고 상대방에게 0원을 줘도 된다. 자기가 5만 원을 갖고 상대방에게 5만 원을 줄 수도 있다. 독재자로 하여금 자기 마음대로 돈을 나누게 할 때 독재자 자신은 얼마를 갖고 상대방에게는 얼마를 줄까를 살펴보는 것이 독재자 게임이다. 사람이 자기 이익만 챙기는 이기적 존재라면 독재자는 자기가 10만 원, 상대방에게는 0원을 줄 것이다. 하지만 실제 실험을 해보면 막상 자기가 돈을 다 가져가는 이기적인 사람은 거의 없다. 평균적으로 20~25%의 돈을 상대방에게 준다. 반반 나누는 사람도 있고, 오히려 다른 이에게 더 주는 사람도 나온다. 자기가 다 가져도 되는데 20~25% 돈을 나눠주는 것이니 사람이 아주 이기적이라고 할 수는 없다. 그 정도면 충분히 다른 이를 배려한다고 할 수 있다.

최후통첩 게임은 한 사람이 돈을 나눌 때 다른 이들이 그 제안을 받아들일지, 아니면 거절할지를 선택할 수 있다. A가 10만 원 중에서 자기가 8만 원을 갖고 상대방 B에게 2만 원을 주겠다고 할 때 B가 그 제안을 받아들이면 A는 8만 원, B는 2만 원을 갖고 집에 돌아간다. 하지만 B가 제안을 거절하면 A, B 모두 빈손으로 돌아가야 한다. A는 B가 받아들일 수 있는 금액을 제시해야 한다. 이때 A가 B에게 주겠다고 평균적으로 제시하는 금액은 40%가량이다. 자기가 6만 원을 갖고 상대방에게 4만 원을 주겠다고 하는 게 가장 일반적이다. A가 80%를 가져가겠다고 해도 B는 20%라도 가져가려면 이를 수락해야 한다. 하지만 제안자는 그렇게 야박하지 않다. 60% 정도만 자기가 갖겠다고 제안한다. 사람들은 공정성을 중요한 가치로 여기며 무조건 자기 이익만 챙기지는 않는다.

큰돈 앞에서 양심이 사라지는 이유

독재자 게임, 최후통첩 게임은 경제학에서 몇십 년간 계속 실험돼 왔다. 취리히대의 대강도 게임은 여기에 한 가지 게임을 추가했다. 지원자 몇십 명을 모아 2명씩 짝지어 독재자 게임과 최후통첩 게임을 했다. 그 실험이 다 끝나고 각 참가자에게 나눠줄 돈이 정해졌을 때 비밀리에 참가자 중 1명에게 대강도 지위를 준다. 이 1명의 대강도는 다음 중 하나를 결정할 수 있다.

❶ 다른 수십 명의 돈 가운데 각 50%를 자기가 챙길 수 있음
❷ 다른 수십 명의 돈 가운데 각 33%를 자기가 챙길 수 있음

❸ 다른 수십 명의 돈 가운데 각 10%를 자기가 챙길 수 있음
❹ 다른 이들의 돈을 건드리지 않음

이때 대강도 지위에 있는 사람은 어떤 선택을 할까. 총 320명이 대강도 지위에서 선택을 했다. 결과는 다른 게임에서 사람들이 관대한 모습을 보였던 것과 달랐다. 56%의 사람이 ①번, 즉 다른 수십 명의 돈 가운데 각 50%를 자기가 챙기겠다는 선택을 했다. 이 사람들은 대강도 게임을 하기 전 독재자 게임, 최후통첩 게임을 했다. 그때는 보통 사람보다 특별히 더 이기적이거나 자기 몫만 챙기거나 하지 않았다. 하지만 다른 수십 명의 돈을 가져올 수 있는 대강도 게임에서는 다른 이들이 소유한 돈의 절반을 자기가 챙기겠다고 나섰다. 선택지가 50%가 최대였기에 50%만 가져왔을 뿐, 그 이상 챙기는 선택지가 있었다면 대다수 사람이 더 많은 돈을 가져가겠다고 했을 것이다. 다른 이들의 몫은 건드리지 않는 ④번을 선택한 사람은 2%에 불과했다.

독재자 게임, 최후통첩 게임에서도 자기 몫을 더 챙기기는 했지만 그래도 약탈이라고 할 정도는 아니었다. 하지만 대강도 게임에서는 훨씬 더 자기 이익을 챙겼다. 무엇이 달라진 것일까. 가장 큰 차이점은 2가지다. 첫째, 자기 몫으로 챙길 수 있는 액수의 차이다. 독재자 게임에서는 자기가 최대한 챙긴다 해도 10만 원이다. 상대방으로부터 이기적인 사람이라고 욕과 비난도 받아야 한다. 그래서 상대방과 적당히 나누고 욕을 덜 먹는 선택을 한다. 반면

대강도 게임에서는 몇십 명으로부터 돈을 가져오고, 자기가 챙길 수 있는 돈도 몇백만 원이 될 수 있다. 이렇게 큰돈을 챙길 수 있다면 이야기가 달라진다. 돈이 적을 때는 상대방을 배려하고 공정한 모습을 보일 수 있다. 하지만 큰돈일 때는 달랐다. 욕을 먹더라도 돈을 챙기려는 사람이 크게 증가했다.

둘째, 독재자 게임, 최후통첩 게임은 2명이 한다. 자신의 결정으로 피해를 보는 사람이 눈앞에 있다. 상대방은 나 때문에 자기가 피해를 본다는 것을 바로 인지하며 그에 따라 나에 대한 평가가 달라진다. 이럴 때 사람은 관대해진다. 자기는 이기적인 사람이 아니라 좋은 사람이라고 상대에게 어필하고 싶어 한다. 그런데 대강도 게임에서 상대방은 다수다. 누군지도 모르는 많은 이의 비난은 그렇게 중요하지 않다. 눈앞에 있는 1명의 평가는 중요하다. 하지만 직접적으로 관계없는 여러 명의 평가는 중요도가 떨어진다. 그런 이들의 평가보다는 그냥 큰돈을 챙기는 편이 낫다

다수 앞에선 오히려 죄책감이 적어진다

사람은 이렇듯 개인을 상대할 때와 여러 명을 상대할 때 달라진다. 개개인을 상대할 때는 공정하고 관대하며 배려하는 모습을 보이기 쉽다. 하지만 무작위로 여러 명을 상대할 때는 다르다. 죄책감 없이 다른 이들의 돈을 내 것으로 취할 수 있다. 다른 이들에게

손해를 끼치면서 자기 이익을 추구하는 경향이 훨씬 강해진다. 따라서 다른 이들에게 금전적으로 관대한 사람이 대중의 돈을 횡령하는 것은 일반인 사이에서 흔히 일어날 수 있는 일이다. 적은 돈을 대할 때와 큰돈을 대할 때, 그리고 몇몇 특정인의 돈을 다룰 때와 여러 사람의 돈을 다룰 때 사람은 달라진다. 대강도 게임은 그런 사람들의 이중적인 면을 드러낸다. 우리는 스스로를 너무 믿지 않아야 한다. 언제든 우리도 '대강도'라는 이중적 모습을 드러낼 수 있다는 점을 기억하는 건 중요한 자기 성찰이 될 것이다.

06

사람들은 왜 돈을 악착같이 벌려고 할까

사람들 사이에서 터부시되는 주제 중 하나가 돈이다. "나는 돈이 좋아." "돈을 버는 게 가장 중요해." "다른 것보다 돈을 선택하겠어." 이런 말은 쉽게 할 수 있는 게 아니다. 인간은 돈보다는 뭔가 중요한 다른 가치를 추구해야 한다. 돈은 다른 가치에 비해 좀 천박하고 세속적이다. 그래서 정신적 가치를 추구하는 종교인은 돈에 욕심을 내고 돈을 추구하는 모습을 부정적으로 본다.

정말 돈에 욕심을 내는 게 안 좋은 것일까. 일단 뭔가에 욕심을 내는 것 자체는 어떤가. 불교 등에서는 욕심을 버리라고 강조하는데, 그렇다면 뭔가를 욕심을 가지고 추구하는 것 자체가 옳지 않은 일 아닌가.

나는 학계에 종사했다. 학자 중에는 지위, 권력 등에 전혀 관심을 가지지 않고 그냥 순수하게 학문의 길을 걷는 사람이 있고, 이와 반대로 지위, 권력, 돈 등에 관심을 가지고 그런 일에 힘쓰는 사람도 있다. 나는 처음에는 지위, 권력, 돈 등에 관심을 가지는 학자들을 진정한 학자가 아니라고 봤다. 그런 것에 전혀 관심을 가지지 않고 학자로서만 살아가는 사람이 더 바람직하다고 여겼다.

욕심이 있어야 발전한다

그런데 학계에서의 경험이 조금 더 쌓이자 그게 꼭 그렇지만은 않다는 사실을 알게 됐다. 지위, 권력, 돈 등에 관심을 가지는 사람이 더 열심히 일했다. 연구 실적도 더 많았고, 학계 활동도 더 많이 했다. 그런 것에 관심 없는 학자들은 다른 일은 하지 않은 채 연구에만 시간을 할애할 수 있으니 더 많고 더 좋은 연구 실적을 낼 것 같지만, 그런 경우는 거의 없었다. 욕심이 없는 학자는 연구에도 욕심이 없었다. 교수가 될 때까지는 열심히 하지만, 그 후에는 그냥 단순히 강의하는 교수가 된다. 지위 등에 관심이 없고 주변 교수들과 교류도 하지 않은 채 그냥 연구만 하다가 석학이 된 경우는 아직까지 보지 못했다. 이에 반해 욕심이 있는 학자는 정교수가 된 후에도 열심히 뭔가를 했다. 정말 변화를 이끌어내는 사람은 욕심 있는 교수들이었다.

겉으로 보기에는 욕심 없이 안분지족하면서 지내는 사람이 훨씬 더 좋은 사람 같다. 뭔가 욕심을 내면서 욕망을 충족하고자 움직이는 사람은 수준이 떨어지는 것 같다. 하지만 꼭 그렇지만은 않다. 안분지족하며 스스로에게 만족하는 사람은 다른 이들에게 관심이 없고, 다른 사람에게 제멋대로 행동하는 경향이 있다. 오히려 지위에 욕심을 내는 사람이 다른 이들에게 잘 보여야 지위를 차지할 수 있기에 더 친절하다.

학계에는 분야마다 학회가 있다. 그런데 학회 회장, 부회장 같은 직위는 모두 무보수다. 무보수이지만 학회장이라는 명예를 얻으려고 뛰는 학자들에 의해 학회가 유지된다. 학회 사람들이 모두 지위에 욕심이 없으면 그 학회는 유지되지 못한다. 뭔가 욕심이 있는 사람, 욕망을 추구하는 사람에 의해 일이 성사되는 것이다. 따라서 욕망은 사회가 유지되고 발전하는 데 꼭 필요한 요소다.

조선시대 선비와 관료들은 그야말로 안분지족했고 욕심이 없었다. 1748년 사간 황경원은 이런 말을 했다. "지금 나라 안의 삼베와 모시, 솜과 비단으로 족히 입을 수 있고 조와 쌀, 보리와 콩으로 족히 먹을 수 있고, 철의 달굼이 풍요로워 족히 기물을 만들수 있고, 은의 이로움으로 족히 경제를 다스릴 수 있는데, 또 무엇에 쓰려고 굳이 천리 타국의 물화를 실어 올 필요가 있는가." 조선은 살아가는 데 아무런 문제가 없으니, 다른 나라 물자에 욕심을 낼 필요가 없다는 얘기다. 돈, 물질에 관심이 없고 고고하게 살아가는 사람들의 표본이다. 하지만 그런 안분지족, 욕심 없는 삶이 결국 조선을 망하게 했다. 당시 조선이 서구 제국의 물질, 재물에 욕심을 냈다면 그렇게 허망하게 망하는 일은 없었을 테다. 그렇게 보면 욕망, 욕심이 꼭 나쁜 것만은 아니다.

사람은 왜 돈 욕심을 부릴까

문제는 욕심을 내는 것 자체가 아니라, 돈 욕심을 내는 것이다. 사람이라면 돈이 아닌, 뭔가 더 가치 있는 것에 욕심을 내야 하는 게 아닐까. 돈처럼 물질적이고 천박한 것에 욕심을 내는 게 문제다. 그런데 경제학의 시조로 불리는 애덤 스미스는 이런 글을 남겼다. "인간이 가장 원하는 것은 다른 사람들의 존경과 우대를 받는 것이고, 가장 싫어하는 것은 무시와 경멸을 당하는 것이다. 인간은 지혜와 덕이 아니라 부와 권세를 가진 사람을 존경하고, 가난하고 힘없는 사람을 업신여기기 때문에 인간은 부와 권세를 얻으려는 것이다." 즉 인간은 부나 돈 자체를 원하는 것이 아니다. 주변 사람들이 존중해주기를 원하는 것이고, 그 수단이 부와 돈이다.

플라톤의 저작 《뤼시스Lysis》는 소크라테스와 뤼시스 간의 대화록이다. 여기에서 소크라테스는 다음과 같은 말을 한다. "우리는 금과 은, 즉 돈이 중요하다고 말하긴 한다. 하지만 사실은 그렇지 않다. 우리가 가장 중요하게 여기는 다른 것이 있다. 그 다른 것을 구하기 위해 돈이 부차적으로 필요한 것이다." 즉 사람들이 돈을 원한다고 할 때 정말 돈 자체를 원하는 것은 아니라는 얘기다.

돈 자체만으로는 아무것도 할 수 없다. 그 돈을 사용해 구할 수 있는 것, 바로 그게 사람들이 정말 원하는 바다. 돈은 자신이 원하는 것을 얻을 수 있는 수단일 뿐이다.

그렇다면 사람들이 돈을 통해 구하고자 하는 것은 무엇일까. 심리학과 경영학에서 사람들의 행동 동기를 파악하는 이론 중 가장 유명한 것으로 (앞에서도 언급된 바 있는) 매슬로의 욕구 단계 이론이 있다. 매슬로의 욕구 단계 이론은 다음과 같은 5단계로 돼 있다(그림 참조).

매슬로의 욕구 단계 이론

❶ 생리적 욕구: 지금 당장 먹고 입고 자는 것과 관련된 것으로, 인간이 살아가는 데 필요한 기본 사항을 충족하고 싶어 하는 욕구다.

❷ 안전 욕구: 먹고 입고 자는 것이 앞으로도 계속 장기적으로 유지될

것을 원하는 욕구다. 먹고사는 것이 계속해서 보장되기를 원한다.

❸ **사회적 욕구:** 인간은 사회적 동물이다. 다른 사람들과 어울리고 싶어
한다.

❹ **존중 욕구:** 다른 사람들로부터 존경받고 싶은 욕구로, 다른 사람의 인
정이나 관심을 받고 싶어 한다.

❺ **자아실현 욕구:** 자아 성취를 원한다. 주변 사람들의 시선, 평가와 상
관없이 자신이 원하는 길을 가면서 자기가 원하는 바를 달성하기를
바란다.

이 욕구들 가운데 무엇을 바라는지는 개인마다 다르다. 그리
고 이런 개인적 욕구를 충족하는 데 필요한 것이 돈이다. 배가 고
플 때 그 생리적 욕구를 해결하기 위해 뭔가를 먹으려면 돈이 필
요하다. 바이올린 연주자가 되고자 하는 자아실현 욕구가 있을 때
바이올린을 사서 배우려면 돈이 필요하다. 다른 사람에게 뭔가를
해주고 싶을 때도 돈이 있어야만 필요한 것을 줄 수 있다. 돈은 수
단이다. 돈을 통해 달성할 수 있는 자신의 욕구가 목적이다.

돈 욕심이 추악해질 때는 언제일까

돈에 욕심을 내는 건 좋은 일일까, 안 좋은 일일까. 그건 그 사람
의 욕구가 어느 단계인지에 따라 달라진다. 생리적 욕구 단계에

있는 사람은 당장 먹고살기 위해 돈이 필요하다. 일단 내가 먹고 살아야 하니 다른 이들에게 신경 쓸 여유가 없다. 다른 이들이 어찌 되든 일단 내가 돈을 버는 게 중요하다. 생리적 욕구, 안전 욕구 단계에 있는 사람은 자신이나 가족만을 위해 돈을 모으고 쓴다. 다른 이들의 돈을 빼앗기도 하고, 다른 이들이 어떻게 되든 상관 없다는 듯한 모습을 보이기도 한다. 사람들이 욕하는 부자, 인색한 부자, 돈만 아는 추악한 사람은 모두 이 단계에서 돈을 추구하는 이들이다. 사회적 욕구 단계, 존중 욕구 단계의 사람들은 다르다. 이 단계의 사람들은 다른 이들과의 관계가 중요하다. 다른 이들과 잘 지내려 하고 또 도움을 주고자 한다. 그러려면 돈을 써야 한다. 다른 이들의 돈을 빼앗으려 하는 게 아니라, 그들에게 돈을 베풀려 한다. 자비로운 부자, 사람 좋은 부자는 이 단계의 사람들이다.

돈 욕심이 좋은 것일까 나쁜 것일까. 이것은 돈을 통해 자기가 어떤 욕구를 충족하려 하는가에 따라 달라진다. 생리적 욕구, 안전 욕구를 달성하고자 돈 욕심을 낸다면 주변에 피해를 입힐 수 있다. 하지만 사회적 욕구, 존중 욕구를 달성하고자 돈 욕심을 낸다면 모두에게 좋은 일이다. 이 단계에서 돈에 욕심을 내는 건 오히려 장려해야 할 일이다.

How Money Moves People

07

'장래희망이 돈 많이 벌기'인
아이들이 늘어나고 있다

A는 초등학생이다. 어려서부터 곤충 채집을 좋아했다. A의 꿈은 희귀곤충 채집가였다. 크면 아마존 등에 가서 희귀곤충을 채집하며 살아가기를 바랐다. 그런데 초등학교 고학년이 되고 나서 장래희망이 바뀌었다. 희귀곤충 채집가가 되지 않겠다고 했다. 초등학생은 장래희망이 계속 바뀌니 몇 년 동안 꿈꿔왔던 희귀곤충 채집가가 안 되겠다고 하는 것은 특별한 일이 아니다. 문제는 희귀곤충 채집가의 꿈을 버리게 된 이유다. A는 희귀곤충 채집가는 돈을 벌 수 없기에 꿈을 버렸다고 한다. 장래희망을 정하는 데 '돈'이 중요한 기준이 됐다. 순수하게 좋아하는 일, 하고 싶은 일을 하려는 게 아니라, 돈을 많이 버는 일을 하려 한다.

  B는 초등학교 저학년이다. 그림 그리는 걸 좋아한다. 그래서

화가가 되는 게 꿈일 것 같다. 하지만 B에게는 다른 꿈이 있다. 유튜버가 되는 것이다. 요즘 초등학생은 유튜브를 많이 보니까 유튜버가 되고 싶은 게 별스러운 일은 아닌 것 같다. 문제는 유튜버가 되고 싶은 이유다. 많이 접해서 익숙한 사람, 유명한 사람이라는 이유도 있겠지만 좀 더 중요한 건 수입이다. 구독자가 많은 유명 유튜버가 얼마를 버는지 알고, 자신도 유튜버가 돼 그만큼 벌고 싶어 한다. 돈이 장래희망을 정하는 중요한 기준이 됐다.

초등학생이 돈에 따라 의사결정을 한다. 초등학교 고학년이라면 모를까, 아직 열 살도 안 된 초등학교 저학년까지 돈을 중요한 기준으로 삼는다. 실제 10만 원, 100만 원이 어느 정도 수준인지 감도 못 잡는 아이들이 돈을 잘 버는 직업을 가지려 한다. 아이들이 어린 나이에 벌써부터 자본주의, 시장경제에 물들었다. 사회가 워낙 돈, 돈 하니 아이들도 금권주의에 물들어버렸다. 아이들이 순수함을 일찍 잃는 것, 이 또한 자본주의 사회의 병폐이리라. 그런데 정말 사람들이 돈, 돈 하는 게 자본주의 사회, 시장경제 사회라서 그런 것일까. 돈을 중요시하는 현대 자본주의 사회가 들어서기 전에는 사람들이 돈에 대해 초연하고 돈 욕심이 없었을까.

"돈이 반드시 나라를 망칠 것이니 통탄스럽다"

조선시대에 노상추盧尙樞라는 무인이 있었다. 18세기 중반부터 19세기 초까지 살았고, 경상도 출신 남인이었다. 노상추는 무과武科에 급제한 후 몇십 년간 무인 생활을 했는데, 삭주부사를 지낸 게 가장 높은 벼슬이다. 고위직에 오르지 못하고 특별히 알려지지 않은 조선시대 무인이었다. 노상추가 유명한 건 그의 일기 때문이다. 노상추가 18세였던 1763년부터 1829년 84세로 사망하기까지 60년 넘게 쓴 일기가 전해진다. 18~19세기 초 조선시대 무인의 생활, 노상추의 고향인 경상도와 노상추가 벼슬살이를 한 한양, 삭주 등 각 지역의 생활상을 알 수 있는 중요한 사료다. 노상추가 1809년(순조 9)에 쓴 일기에 이런 내용이 있다.

> "우리나라의 상평통보는 끝내 사람들의 윤리를 없애고 말 것이니 참으로 통탄스럽다. 지금 세상 사람들은 돈과 재화의 이로움만 알고 윤리와 하늘의 도를 모른다. 사람의 도리가 무너진 것이다. 지금 돈을 혁파하지 않는다면 사람의 욕심을 어떻게 막겠는가. 세상의 폐단을 바로잡기 위해서 급히 해야 할 일로는 돈을 폐지하는 것보다 나은 것이 없으니, 매우 통탄스럽다."

당시 조선시대의 병폐가 돈이라는 언급은 이 한 번뿐 아니라 계속해서 나온다. 1811년(순조 11) 1월 일기에서는 벼슬을 얻으려면 돈이 필요하다고 이야기한 후 이렇게 마무리한다.

> "(돈으로 벼슬을 사고파는) 이런 태세로 미뤄볼 때 돈이 반드시 나라

를 망칠 것이니 진실로 통탄스럽다."

노상추는 지식인이다 보니 사회 비판을 많이 했다. 당쟁도 비판했고, 영남 사람들을 차별하는 조정 관습도 비판했다. 그런데 "이것 때문에 나라가 망할 수 있다"고 비판한 것은 바로 '돈'이었다. 사람들이 돈을 좋아하고 추구하는 행태, 그것이 전통 윤리가 무너지고 비리가 발생하는 주된 원인이라는 얘기다.

돈과 물질에 대한 욕망은 본능이다

최근 우리가 가장 큰 사회문제로 꼽는 것은 지구 기후변화, 정치혼란, 저출산 등이다. 돈도 중요하기는 하지만, 돈이 현 사회의 가장 큰 문제라고 비판하는 경우는 많지 않다. 이걸 보면 오히려 현대 사회보다 조선시대가 돈에 더 민감하고 돈을 더 중시했을지도 모른다. 그럼 노상추가 비판한 '돈을 가장 중요하게 생각하는 조선사회'는 자본주의의 영향 때문이었을까. 자본주의를 잘 모를 때는 돈이 그렇게 중요하지 않았는데, 자본주의화되면서 돈이 중요해진 것일까. 그럴 리 없다. 조선은 자본주의에서 가장 멀었던 사회다. 돈 버는 일을 무시하고 오히려 천시하는 유교가 지배하는 사회였고, 유교 중에서도 정신적 측면을 특히 강조하는 주자학이 지배하는 시대였다. 같은 유교 사회였던 중국이나 일본은 조선보다 훨씬 더 상업화됐고, 돈을 벌어 재화를 모으는 일을 긍정적으로 평가했다. 조선은 상업도, 산업도 세계에서 가장 뒤처진 국가 중 하나였다. 당시 세계에서 자본주의, 시장경제와 가장 거리가 먼 국가를 꼽으라면 분명 조선은 최상위권에 속했을 것이다. 그런데 그런 나라에 살면서 노상추는 국가의 가장 큰 병폐가 사람들이 돈을 너무 좋아하고 돈을 추구하는 것이라고 했다. 돈을 중요하게 생각하는 것과 자본주의, 시장경제는 별 상관이 없는 것이다. 공식적으로 가장 돈을 천시하는 국가에서도 사람들은 돈을 추구했다. 이 정도면 그냥 사람은 어떤 사회에 살든 돈을 좋아한다고 보는 게 맞다. 사회 형태에 따라 달라지지 않는다. 즉 돈을 좋아하는 건 사람에게 거의 본능인 것이다.

아이들이 자라는 모습을 보면 나이가 들어감에 따라 돈에 대한 인식이 점차 달라진다는 것을 알 수 있다. 처음에 아이들은 돈에 대해 모른다. 그러니 돈 욕심도 없다. 그럼 아이들이 정말 욕심이 없느냐고 하면 그건 아니다. 돈 욕심은 없지만 물건 욕심은 있다. 마음에 드는 장난감을 봤을 때 아이들은 무조건 그 장난감을 갖고 싶어 한다. 물론 장난감에 별로 관심이 없는 아이들도 있다. 그렇다고 그 아이가 물욕이 없다고 생각해서는 곤란하다. 평소에는 장난감에 관심이 없지만, 어쩌다 마음에 드는 장난감을 봤을 때 그걸 갖고 싶어 하는 욕망은 정말 크다. 사람 욕망의 총량은 일정하다는 생각마저 든다. 아이가 좋아하는 물건이라고 해봐야 장난감뿐이니 현대 물질 사회에서 별것 아니지 않느냐고 할 수도 있다. 하지만 그렇지 않다. 아이는 장난감을 고를 뿐이지만, 희한하게 쌓여 있는 장난감 가운데 어떤 게 가장 좋은지 분간해내는 능력이 있다. 아이는 가격에 대해 모른다. 그런데 가장 비싼 장난감을 골라낸다. 일부러 비싼 장난감을 고르는 게 아니다. 자기가 보기에 가장 좋은 장난감을 고른다. 그런데 그게 같은 종류의 장난감 중 가장 비싸다. 어떤 게 가장 좋은지 구분하고 판단하는 능력을 본능적으로 갖추고 있는 것이다.

아이는 자라면서 달라진다. 돈에 대해 알게 되고, 뭔가를 사달라고 했을 때 부모가 어느 정도 수준에서 사줄 수 있는지 알게 된다. 그러면서 정말 자기가 좋아하는 장난감을 고르는 게 아니라, 부모가 사줄 수 있는 장난감을 고른다. 욕망을 억제하고 현실과 타협하는 걸 배워간다. 아이들은 자본주의 사회를 살아가면서 돈과 물질에 대한 욕망을 배워가는 게 아니다. 자본주의 사회를 살아가면서 돈과 물질에 대한 욕망을 억제하는 걸 배운다. 그러나 어려서부터 가지고 있던 욕망이 그냥 사라질 리는 없다. 어려서부터 꿈이던 희귀곤충 채집가를 돈 때문에 포기하듯이, 돈 때문에 유튜버가 되고 싶어 하듯이 돈과 물질에 대한 욕망은 언제 어디선가 튀어나온다.

결국 조선시대 생활상이나 아이들을 보면 돈과 물질에 대한 욕망은 자본주의에 의해 만들어졌다기보다 원래 사람들이 가진 욕망, 즉 본능이라고 해야 할 것 같다. 그리고 사회제도는 어려서부터 그 욕망을 누르고 제어하게 만든다. 그렇다고 돈과 물질에 대한 사람의 본능이 완전히 사라질 리는 없다. 언제가 됐든 숨겨진 본능은 튀어나오게 마련이다. 그 튀어나오는 본능을 인정하느냐 평생 억누르게 하느냐, 자본주의와 다른 제도의 차이점은 단지 이 점에 있다고 봐야 한다.

2장

돈과 행복

THE PSYCHOLOGY
of BIG MONEY

How Money Moves People

THE PSYCHOLOGY of BIG MONEY

돈이 많다고 행복한 건 아니다

돈이 많은 것과 행복은 어떤 관계가 있을까. 돈이 많으면 행복할까, 아니면 불행할까. 앨런 크루거Alan Krueger 전 미국 프린스턴대 교수가 2006년 발표한 연구 결과를 보자. 이 연구에서 실험 참가자들에게 연봉 1억 원가량을 받는 사람의 하루 생활을 상상해보라고 했다. 그리고 하루 중 어느 정도 시간 동안 행복을 느낄 것 같으냐고 질문했다. 참가자들은 평균적으로 하루의 70% 넘는 시간 동안 행복할 것이라고 답했다. 이어서 연봉 2,000만 원 이하인 사람들의 하루 생활을 상상해보라고 했다. 그리고 똑같이 하루에 어느 정도 행복할 것 같으냐고 질문하자 평균적으로 하루의 42% 시간 동안 행복할 것이라고 답했다. 즉 사람들은 부자는 하루의 70% 시간 동안 행복하고, 가난한 사람은 하루의 40% 정도 시간

동안 행복을 느낄 것이라고 봤다. 부자는 가난한 사람보다 훨씬 더 행복하리라고 본 것이다.

가난한 사람도 행복하다

실제로는 어떨까. 이 연구팀은 연봉 1억 원인 사람들, 그리고 연봉 2,000만 원 이하인 사람들을 대상으로 하루에 어느 정도 행복감을 느끼는지 조사했다. 연봉 1억 원 이상인 사람들은 하루의 80% 시간 동안 행복을 느낀다고 했고, 연봉 2,000만 원 이하인 사람들은 약 68%의 시간 동안 행복을 느낀다고 응답했다. 즉 실제 부자와 가난한 사람의 행복도는 10%포인트 정도만 차이가 났다.

이 연구에서 알 수 있듯이, 사람들은 일반적으로 부자가 되면 가난할 때보다 훨씬 더 행복할 것이라고 생각한다. 부자는 하루의 70%, 가난한 사람은 40% 정도 시간 동안 행복을 느낀다고, 즉 부자는 가난한 사람보다 거의 2배는 행복하다고 본 것이다. 하지만 현실은 달랐다. 실제로 부자와 가난한 사람을 조사해보니 부자는 80%, 가난한 사람은 68% 시간 동안 행복한 것으로 드러났다. 약 10%포인트는 설문조사, 특히 주관적인 감정을 느끼는 조사에서는 큰 차이라고 볼 수 없다. 차이가 있다고는 해도 큰 차이는 아니라서 실제로는 부자가 가난한 사람보다 훨씬 더 행복한 것은 아니라는 뜻이다.

한 가지 더 살펴보면 사람들은 부자가 하루의 70% 정도 시간 동안 행복할 것이라고 생각했다. 그런데 실제 부자의 행복도는 80%였다. 사람들은 돈이 많은 부자는 물론 행복하겠지만, 어느 정도는 불행할 것이라고 생각한다. 가정불화, 돈으로 인한 갈등 등 부정적인 면이 있으리라고 여기는 것이다. 하지만 부자의 불행은 보통 사람이 생각하는 것만큼 크지 않다. 부자는 사람들이 생각하는 것보다 더 큰 행복을 느낀다.

중요한 것은 가난한 사람의 행복도다. 보통 사람들은 돈이 없으면 굉장히 불행할 것이라고 생각한다. 그래서 가난한 사람의 행복도를 40% 정도라고 추측했는데, 이는 행복보다 불행이 더 크다고 여긴다는 의미다. 즉 부자는 행복할 것이라는 생각보다, 가난한 사람은 불행할 것이라는 생각이 더 강한 것이다. 하지만 실제 가난한 사람의 행복도는 68%였다. 사람들이 부자의 행복도라고 생각한 70%와 차이가 없다. 보통 사람들이 '부자는 이 정도 행복하겠지'라고 생각하는 것만큼 가난한 사람이 행복을 느끼고 있는 셈이다. 이는 곧 사람들은 돈이 행복에 큰 영향을 미친다고 보는데, 실제로 돈이 행복에 미치는 영향은 그리 크지 않다는 것을 의미한다.

또 다른 연구를 보자. 경제학에서 돈과 행복에 관한 유명한 연구로 '이스털린의 역설Easterlin's Paradox'이 있다. 소득이 낮을 때 소득이 증가하면 행복도가 증가한다. 그런데 어느 수준 이상으로 소득이 높아지면 행복도가 별로 증가하지 않는다. 현대 미국 사회에서 소득에 따라 행복도가 증가하다가 더는 증가하지 않는 시점을 연봉으로 약 7만 달러(약 8,950만 원)로 본다. 연봉 7만 달러 이하일 때는 소득이 증가할수록 행복도도 커진다. 그런데 연봉이 상승할수록 행복도의 증가폭이 점점 줄어들다가 연봉 7만 달러 이상이 되면 연봉이 증가해도 행복도가 별로 커지지 않는다. 그렇다고 연봉이 많아지면 행복도가 감소한다는 뜻은 아니다. 연봉이 상승할수록 행복도가 증가하기는 하지만, 7만 달러 이상에서는 행복도 증가폭이 굉장히 적다는 의미다.

한국인의 행복에 소득이 미치는 영향

그럼 한국인은 어떨까. 한국도 비슷하다. 돈이 행복에 영향을 미치기는 하는데, 그 폭이 그리 크지는 않다. 한국에서 돈과 행복에 관한 대표적인 연구로는 박영신 인하대 교육학과 교수와 김의철 인하대 경영학부 교수의 〈심리적, 관계적, 경제적 자원: 한국인의 행복에 어떠한 영향을 미치는가?〉(2009)가 있다. 한국인의 행복에 큰 영향을 미친다고 여겨지는 직업 성취, 자녀 성공, 주변 사람들과의 원만한 인간관계, 자기효능감과 더불어 소득이 개인의 행복에 얼마나 영향을 미치는지를 조사했다. 연구 결과에 따르면 소득은 한국인의 행복에 영향을 미친다. 소득이 많을수록 행복도도 커진다. 그런데 소득이 행복에 미치는 영향은 다른 요소에 비해 크지 않다. 주변 사람들과의 원만한 인간관계가 행복도에 미치는 영향이 가장 컸고, 그다음은 직업 성취였다. 월평균 수입은 행복에 영향을 미친다고 고려한 변수 가운데 그 크기가 가장 작았다. 월평균 수입이 적어도 인간관계가 좋고 자기 업무를 잘하며 자기효능감이 높으면 충분히 행복할 수 있다.

그런데 나의 생각은 이런 연구 결과들과 좀 차이가 있다. 개인적으로, 부자가 되는 것은 행복감에 영향을 미친다고 생각한다. 그런데 돈이 많아졌다, 부자가 됐다는 그 자체만으로 행복감이 증가하는 것은 아닌 듯하다. 조직론에 '허즈버그의 2요인 이론'이라는 것이 있다. 불만을 없애주는 요인과 만족도를 증가시키는 요인은 서로 다르다는 것이 이 이론의 주요 포인트다.

깨끗한 업무 환경이 중요하다고 한다. 깨끗한 업무 환경에서 일하면 불만이 적어진다. 그러나 깨끗한 환경에서 일한다고 업무 만족도가 증가하고 일을 더 잘하게 되는 것은 아니다. 업무 만족도를 높이려면 성취감, 책임감 등 다른 요소가 필요하다. 마찬가지로 사람들이 행복과 관련된다고 생각하는 것은 자세히 보면 2가지로 나뉜다. 불행을 감소시키는 것과 정말로 행복을 증진시키는 것이다. 불행이 감소하면 평안하고 안정적인 생활을 할 수 있다. 본인이 불행하다고 느끼지는 않지만 그렇다고 행복한 것은 아니다.

돈이 부족해 병원 치료를 제대로 못 받으면 불행을 느낀다. 돈이 없어서 배고플 때 먹지 못하면 불행하다. 아이 학원비를 제대로 내지 못하면 불행하다. 부모의 병원비 문제로 형제자매와 다투면 불행하다. 그런데 이런 문제들이 해결된다고 해서 행복해지는 것은 아니다. 불행이 없어지는 것이지, "나는 행복하다"며 즐거워하게 되지는 않는다.

돈은 이런 불행을 방지할 수 있다. 부자가 되면 병원 치료비 걱정을 안 해도 되고, 돈이 부족해 배고픔을 참아야 하는 사태도 발생하지 않는다. 부모 병원비를 스스로 감당할 수 있으면 가정불화도 생기지 않는다. 이처럼 돈은 살아가면서 발생할 수 있는 불행한 일들을 피할 수 있게 해준다. 다만 돈 자체가 행복감을 주는 것은 아니다. 쌓여 있는 통장 잔고를 보고 '나는 행복하다'고 느끼는 사람은 많지 않다. 물론 처음 통장에 1억 원이 찍힌 것을 본다면 행복할 것이다. 오랫동안 고생하며 모은 1억 원 잔고를 보면 행복할 수 있다. 그러나 처음 그때뿐이다. 1억 1,000만 원, 1억 2,000만 원, 1억 3,000만 원 잔고를 보며 계속해서 행복감을 느끼는 경우는 거의 없다. 다른 것에 전혀 관심을 두지 않고 정말 돈밖에 모르는 사람에게만 가능한 행복이다.

사람은 무언가를 할 때 행복해진다

사람이 행복을 느끼는 경우는 보통 맛있는 것을 먹을 때, 자신이 아끼는 사람을 도울 때, 가고 싶은 곳을 여행할 때, 취미에 몰두할 때 등 무언가 활동을 할 때다. 돈이 있으면 이런 활동을 좀 더 쉽게, 많이 할 수 있다. 그런 점에서 돈은 행복에 간접적으로 영향을 미친다. 어디까지나 간접적일 뿐이다. 돈 자체는 행복에 직접적으로 큰 영향을 미치지 않는다. 행복해지기 위해서는 돈 이외에 다른 활동이 필요하다.

돈은 우리가 살아가면서 겪을 수 있는 많은 불행을 막아준다. 돈이 많으면 불행이 감소한다. 그러나 돈이 많다고 해서 더 행복한 것은 아니다. 행복해지려면 또 다른 무언가가 필요하다. 이것이 돈과 행복의 진정한 관련성이 아닌가 싶다.

How Money Moves People

02

그 사람은 왜 '돈, 돈, 돈' 할까

돈은 인간관계에 어떤 영향을 미칠까. 돈이 많으면 다른 사람들과 더 많이 어울릴까, 덜 어울릴까, 아니면 별 상관이 없을까. 어떤 이들은 돈이 많아지면 다른 사람을 생각하지 않게 된다고 여긴다. 돈 버는 데만 집중하다 보면 다른 사람의 사정은 고려하지 않게 된다는 것이다. 돈을 벌기 위해 다른 사람을 희생시키는 이들도 있다. 돈은 사람들에게 주변을 돌아보지 않고 자기 자신에게만 초점을 맞추게 만든다.

반면 돈이 타인에 대한 태도를 긍정적으로 바꾼다고 여기는 이들도 있다. 돈이 있으면 여유가 생겨서 다른 사람에게도 친절해진다는 것이다. 다른 사람에게 금전적 지원을 하는 이들은 어쨌든 자기가 다른 사람을 도울 만큼은 돈이 있다고 생각한다. 먹고

살 돈이 있는 사람이 문화생활도 즐긴다. 돈은 사람들에게 주변을 돌아보게 만든다.

돈과 독립성의 관계

돈은 이 2가지 경향을 모두 가지고 있다. 그런데 어떤 경향이 더 강할까. 돈 때문에 주변을 돌아보지 않는 사람과 주변을 돌아보는 사람 중 어느 쪽이 더 많을까.

이에 대한 유명한 연구로 캐슬린 보스^{Kathleen Vohs} 미국 미네소타대 교수 연구팀이 2006년에 발표한 것이 있다. 연구팀은 실험 참가자들을 두 집단으로 나눈 뒤 한 집단에는 돈과 관련된 퀴즈를 풀게 하고, 다른 한 집단에는 돈과 관련 없는 퀴즈를 풀게 했다. 한 집단에는 돈과 관련된 인식을 심어주고, 다른 한 집단에는 돈에 대해 생각하지 않게 한 다음 진짜 실험에 들어갔다.

먼저 실험 참가자들에게 풀기 어려운 퍼즐을 주면서 퍼즐을 풀다가 잘 안 되면 연구진에게 도움을 요청해도 된다고 말했다. 이때 퍼즐은 처음부터 혼자 힘만으로는 풀기 어렵게 세팅되어 있었다. 실험 참가자들은 혼자 풀려고 노력하다가 결국 연구진에게 도와달라고 할 텐데, 이렇게 도움을 요청할 때까지 시간이 얼마나 걸리는지가 연구의 목적이었다.

무의식에서 돈에 대한 인식이 강한 사람들이 도움을 요청하는 시간과 돈에 대한 인식이 별로 없는 사람들이 도움을 요청하는 시간은 다를까. 다르다면 어느 쪽이 더 오래 걸릴까. 심리학에서 주변 사람에게 도움을 요청하느냐 아니냐는 주변 사람에 대한 의존도, 스스로의 독립성 정도를 측정하는 데 의미 있는 변수다. 보스 교수팀은 이를 통해 돈이 개개인의 독립성 정도에 영향을 미치는지 여부를 알아보려 했다.

실험 결과는 분명한 차이를 보였다. 돈에 대한 인식을 심어준 실험 참가자 집단이 도움을 요청하는 데까지 더 오랜 시간이 걸린 것이다. 이들은 혼자서 퍼즐을 풀어보려고 더 오랫동안 끙끙댔다.

2008년 같은 연구팀이 돈에 대한 인식과 관련된 또 다른 연구 결과를 발표했다. 이번에는 돈에 대한 인식을 심어준 뒤 실험 참가자들에게 자신이 앉을 의자를 배치하라고 했다. 그리고 실험 참가자를 방으로 안내하면서 같이 이야기할 다른 한 명을 데려올 테니 방에 의자를 놓아달라고 요구했다. 실험 참가자는 기다리는 동안 의자 2개를 자기와 다른 사람이 앉을 수 있도록 배치했다. 이때 두 의자를 어떻게 배치하는지, 의자를 가깝게 배치하는지 멀리 배치하는지를 관찰하는 게 실험의 목적이었다. 돈에 대한 인식 여부가 자기와 다른 사람 간 공간 배치에 영향을 미치는지 알아보려 한 것이다.

이 실험에서도 돈에 대한 인식을 심어준 집단과 그렇지 않은 집단의 결과가 다르게 나왔다. 즉 돈에 대한 인식을 가진 집단이 두 의자 사이를 더 멀게 배치했다. 돈에 대한 인식이 있는 사람들은 자신만의 공간을 더 넓게 확보하고, 다른 사람과의 거리도 더 멀게 벌린 것이다. 이 연구는 미국에서 이뤄졌는데, 이후 한국에서도 관련 연구가 진행됐고 유사한 결과가 나왔다. 실험 전 돈에 대한 인식을 갖게 된 이들은 다른 사람들보다 자신의 관점에서 문제를 보는 경향이 강했다. 반면 돈에 대한 인식이 없는 이들은 상대적으로 다른 사람의 관점을 더 중요시했다. 돈에 대한 인식이 있는 사람들이 좀 더 자기중심적인 것이다.

타인과의 심리적 거리가 멀어지다

돈에 대한 인식을 가진 사람들은 퍼즐을 혼자 푸는 시간이 더 길었고, 자기 공간을 더 많이 확보했다. 그리고 다른 사람의 관점보다는 자기 관점으로 세상을 보는 경향이 강했다. 그렇다면 이건 무슨 의미일까.

보스 연구팀은 이를 '자기충족성self-sufficient' 개념으로 설명한다. 자기충족성은 혼자 문제를 해결하려는 경향이다. 주변 사람에게 도움을 요청하지 않고 스스로 자기 문제를 해결하려고 한다. 혼자 하려는 경향이 강하기 때문에 다른 사람들과의 연결성이 떨어진다. 또 자신에게 초점을 맞추다 보니 다른 이들과의 심리적 거리가 멀어진다. 그래서 자신만의 공간을 더 중요시하고, 다른 사람들과의 물리적 거리도 더 멀게 한다. 좋게 말하면 독립성이 강하다는 것으로 개인적 성향이 뚜렷하다는 뜻이고, 나쁘게 말하면 이기적인 성향을 드러낸다는 의미다. 돈은 개개인의 독립성과 개인적 성향을 강하게 만든다. 정말 돈이 있을 때만 그런 것이 아니라 돈에 대해 생각만 해도, 돈에 대해 무의식적으로 강하게 인식만 해도 독립적·개인적 성향이 심화된다. 돈은 알게 모르게 우리의 행동에 영향을 미치는 것이다.

대부분 돈이 부족하다고 느낀다

심리학자들은 이렇게 돈에 대해 인식하기만 해도 자기충족성이 높아지는 이유에 대해 돈이 있으면 다른 사람에게 의존할 필요가 적고 혼자서도 충분하다고 생각하기 때문이라고 말한다. 사람은 사회적 동물이다. 즉 다른 이들과 서로 교류하고 의존하며 어울려 살아가는 존재다. 인간 사회에서 다른 사람들과의 연결은 선택이 아니라 필수 사항이다. 그런데 현대 사회에서는 돈이 있으면 다른 사람과 연결되지 않아도 충분히 혼자 살아갈 수 있다. 돈이 있으면 다른 사람의 도움이 없어도 되고, 그래서 돈에 대해 인식하면 다른 사람과의 연결성이 떨어진다고 본다. 돈이 있으면 자기 자신에 대한 만족도가 증가하고, 이에 따라 다른 사람에 대한 관심은 적어지는 것이다.

그런데 나의 생각은 좀 다르다. 솔직히 우리가 돈에 대해 인식

한다고 해서 '나는 돈이 있으니 다른 사람이 없어도 나 혼자 충분히 잘해나갈 수 있다'고 생각할까? 물론 그런 사람이 있을지도 모르지만 대부분은 아닐 것이다. 돈에 대해 인식하면 '나는 돈이 부족하다. 이대로는 곤란하다'는 생각부터 든다. 다음 달 생활비가 부족하든, 내년에 올려줘야 할 전세금이 부족하든, 퇴직 후 생활비가 부족하든, 노후 자금이 부족하든 돈과 관련된 문제들이 떠오른다. 그리고 우리는 안다. 이것은 가족, 친척, 친구가 도와줄 수 있는 문제가 아니라 나 스스로 해결해야 할 문제라는 점을 말이다. 막상 그때가 되면 주위 사람들이 도와줄 수 있긴 하다. 그런데 도움은 확실하지 않고 설령 도와준다 해도 단기적 해결책일 뿐이다. 분명 돈 문제가 발생한다. 그리고 이건 나 자신이 해결할 수밖에 없다.

돈에 대해 인식하면 '나는 돈이 많아서 여유가 있다. 다른 사람에게 신경 쓰지 않아도 충분히 잘 살 수 있다'라기보다 '나는 돈이 부족하다. 지금은 아니더라도 나중에 반드시 돈 문제가 발생할 것이다. 이걸 해결해야 한다. 그러니 다른 사람에게 신경 쓸 여유가 없다'라는 무의식이 더 강할 것이라고 본다. 자기충족감이 강해지기보다 자신의 부족함을 더 느끼는 것이다. 그만큼 자신에게 더 집중하게 된다.

그런 의미에서 '돈, 돈, 돈' 하는 사람이 다른 이들을 생각하지 않는 이기적인 성향이라고 여겨지는 말자. 그만큼 더 불안하고 앞으로 다가올 돈 문제에 민감한 사람들이다. 자신의 문제를 해결하기에도 벅차 다른 사람에게 관심을 가질 여유가 적은 것이다. 돈에 대해 인식하면 더 독립적이 된다는 연구 결과들은 사실 그런 돈에 대한 우리의 불안을 반영하는 셈이다.

How Money Moves People

03

은퇴 후 인생 레벨은 돈이 결정한다

플라톤의 대표 저서 《국가Politeia》는 그의 스승 소크라테스가 나눈 대화들을 정리한 책이다. 소크라테스가 다른 사람들과 만나 대화한 내용이 주된 텍스트다. 책 첫머리에는 소크라테스와 케팔로스가 나눈 대화가 나온다. 여기서 케팔로스는 큰 재산을 모으고 이제 죽을 날이 머지않은 노인으로 나온다. 케팔로스는 굉장히 평온한 노년을 보내고 있었다. 소크라테스는 케팔로스가 편하게 노년을 보낼 수 있는 이유가 큰 재산 때문이라고 생각한다. 케팔로스 역시 이런 소크라테스의 생각을 부정하지 않는다. 케팔로스는 노년이 된 후 가장 중요한 것이 재산 소유라고 말한다. 노년에 돈이 중요하다는 점에서 소크라테스와 케팔로스의 의견은 다르지 않았다.

돈이 있어야 노년이 평안하다

소크라테스나 케팔로스나 인생의 노년에 돈이 가장 중요하다고 본 것은 아니다. 좀 더 중요한 것은 개인의 성격, 즉 성격이 착한가 나쁜가. 성격이 나쁜 사람은 돈이 있건 없건 노년이 어렵다. 또한 가족관계가 어그러지고, 자신에게 만족하지 못한다. 이런 사람은 노년이 된 후 더 힘들어지는 것도 아니다. 젊을 때도 마음이 힘들다.

문제는 착한 사람이다. 착한 사람이라고 다 노년이 편하지는 않다. 착해도 가난하면 노년이 힘들다. 착하면서 돈이 있을 때 비로소 평안한 노년을 보낼 수 있다. 케팔로스는 노년에 돈이 중요한 이유를 이렇게 설명한다. 나이가 들어 죽을 날이 다가오면 자기 인생을 돌아보게 된다. 이때 가장 두려운 것이 누구에게 빚진 상태로 죽는 일이다. 신에게 제물을 빚지든, 타인에게 돈을 빚지든, 또 누군가에게 은혜를 입었지만 갚지 못해 빚지든 빚을 진 채로 인생을 마무리하는 것이 두렵다. 그래서 죽기 전 이 세상에서 진 빚을 다 갚기 원한다. 이럴 때 가장 도움이 되는 것이 돈이다. 세상에 진 빚을 갚고 죽으려면 돈이 필요하다.

나는 아직 케팔로스처럼 나이가 들지는 않아서 노인이 됐을 때 돈에 대해 어떤 마음을 가질지 잘 모르겠다. 하지만 더는 소득 행위를 하지 않는 은퇴자라서 은퇴 후 무엇이 가장 필요한지는 말할 수 있다. 은퇴 후 가장 중요한 것이 무엇일까. 바로 돈이다. 은퇴하거나 나이 들어 잘 지내려면 무엇이 중요한지에 관한 연구는 많다. 우선 나이 든 자들의 행복에 가장 큰 영향을 미치는 요소는 다른 사람과의 관계다. 친구가 있고 같이 어울릴 사람이 많으면 행복하다. 가족이나 친지와 잘 지내도 행복하다. 다른 사람과 얼마나 원활히 지내는지가 노년 행복에 가장 큰 영향을 미친다는 것을 많은 연구가 공통적으로 이야기하고 있다. 취미도 중요하다. 은퇴 후 할 일이 하나도 없으면 힘들어진다. 취미 삼아 꾸준히 할 수 있는 일이 있으면 노년이 평안하다. 건강도 중요하다. 아무리 친구가 많고 취미 활동을 한다 해도 건강이 나쁘면 의미 없다. 건강해야 다른 사람들과 잘 지내고 취미 활동도 할 수 있다.

돈도 중요하다. 인생의 3대 불안으로 사람들은 '어려서 출세하는 것', '중년에 배우자를 잃는 것', '노년에 가난한 것'을 들곤 한다. 젊어서는 가난해도 앞으로 나아지리라는 희망을 품을 수 있지만, 은퇴한 노년은 가난에서 벗어날 가능성이 보이지 않는다. 청년이나 중년 시절에 잘살았더라도 노년에 가난해지면 행복을 느끼기 어렵다. 노년에 행복하려면 다른 사람과의 관계, 취미, 건강, 돈 등이 필요하다. 돈은 은퇴 후 필요한 여러 요소 중 하나다.

인간관계에 큰 영향 미치는 돈

하지만 나의 개인적인 의견은 일단 돈이 가장 중요하다고 본다. 다른 사람과의 관계, 취미, 건강은 돈이 있은 다음 이야기다. 은퇴 후 오래된 친구들을 만나 어울리면 좋다. 그건 분명하다. 그런데 문제가 있다. 친구들과 같이 시간을 보내려면 돈이 필요하다. 친구들끼리 길거리에서 만나 이야기만 하다가 헤어질 수는 없지 않은가. 커피숍에 들어가든지, 같이 식사하든지, 술을 마시든지, 당구를 치든지, 등산을 하든지 뭔가 활동을 같이해야 한다. 그런데 이런 활동을 하려면 돈이 필요하다.

그렇다면 돈이 있는 친구가 돈 없는 친구를 위해 돈을 대주면 되지 않을까? 물론 커피 값, 식사비는 낼 수 있다. 하지만 골프비까지 대신 내주는 건 어렵다. 여행비를 대주면서 같이 가는 것도 무리다. 처음에는 돈이 없어도 같이 어울릴 수 있다. 그런데 어느 한쪽에만 부담이 가는 만남이 열 번, 스무 번을 넘어서면 이야기가 달라진다. 돈을 내는 친구가 더는 돈을 낼 수 없다고 말하게 되는 게 아니다. 오히려 계속 받기만 하는 친구가 어울리기를 힘들어한다.

친구뿐 아니라 다른 사람과의 관계도 마찬가지다. 돈이 있으면 사회활동을 하면서 새로운 사람들을 만날 수 있다. 하지만 돈이 없으면 이것이 불가능하다. 설령 만난다 해도 계속 어울리기가 어렵다. 은퇴 후 사회적 인간관계를 얼마나 잘 맺는지가 행복도에 영향을 미친다고 한다. 그런데 그 인간관계 유지에 결정적으로 영향을 미치는 것이 돈이다.

은퇴 후 취미를 갖는 것도 마찬가지다. 뭔가 새로운 취미를 시도하려면 돈이 필요하다. 사진 찍기처럼 원래 돈이 많이 필요한 취미는 말할 것도 없고, 독서나 그림 그리기와 같이 상대적으로 돈이 별로 안 든다는 취미도 결국 어느 수준에 이르면 돈이 있어야 한다. 계속 도서관에서 책을 빌려 보던 사람도 어느 순간이 되면 책을 사서 보관하고 싶어진다. 볼펜이나 연필로 그리기를 계속하던 사람도 어느 순간이 되면 제대로 된 캔버스에 물감 등으로 그림을 그리고 싶어진다. 계속 초보 수준에만 머무르면 돈이 들지 않지만, 어느 수준 이상으로 취미가 깊어지면 돈이 필요하다. 무엇보다 취미는 자신이 좋아하고 몰두할 수 있는 것이어야 행복감을 준다. 취미를 자신이 좋아하는지 여부가 아니라 돈이 드느냐 안 드느냐로 선택한다면 그 취미가 행복을 가져다주기 힘들다. 돈이 있어야 정말로 하고 싶은 취미, 행복을 안겨주는 취미 생활에 뛰어들 수 있다.

은퇴 전 사회적 지위가 높았다면 좀 다르지 않을까. 돈보다 중요한 다른 무엇이 있지 않을까. 높은 사회적 지위가 주는 안정감은 은퇴 전까지다. 은퇴 후에는 사회적 지위보다 돈이 중요하다. 은퇴하고 처음 얼마 동안은 사회적 지위가 계속 영향을 미칠 수 있다. 밖에 나가면 사람들이 계속 이사님, 교수님, 검사님이라고 부른다.

하지만 돈을 안 내는 전무님, 검사님은 필요 없다. 돈 내는 교수님은 환영하지만 돈 안 내는 교수님은 부담스러울 뿐이다. 은퇴자 세계에서는 지위가 별 가치가 없다. 지금 돈이 없으면서 옛날에 어땠다는 것은 아무런 의미가 없다. 은퇴자에게는 지금 얼마나 돈을 부담할 수 있느냐가 중요하다.

은퇴 전, 최대한 돈을 모아라

나는 은퇴 전 거의 평생을 학계에서 지냈는데, 학계는 돈의 중요성을 인정하지 않는 대표적 영역이다. 학생들을 가르칠 때도 돈이 중요하다는 말을 한 번도 한 적이 없다. 항상 돈보다 중요한 그 무엇이 있었다. 그런데 은퇴 후에는, 사람들이 "은퇴 준비에서 가장 중요한 게 무엇일까요"라고 물어오면 '돈'이 제일 중요하다고 답한다. 내 입으로 인생에서 돈이 가장 중요하다고 말할 때가 오리라고는 상상도 해본 적이 없다. 그런데 지금 그렇게 됐다. 무엇이 중요한지 별로 고민하지도 않고 바로 돈이 중요하다는 답변을 내놓는다. 취미? 인간관계? 물론 중요하다. 하지만 그런 것들도 돈이 있은 다음 이야기다.

학생 때는 점수에 따라, 직장인은 직급과 지위에 따라 레벨이 달라진다. 은퇴 후에는 돈이 얼마나 있느냐에 따라 레벨이 달라진다. 만나는 사람, 활동, 취미 등이 모두 돈이 얼마큼 있느냐에 따라 달라지는 것이다. 학생 때의 성적은 직장생활을 잘하는 데 별 의미가 없다. 마찬가지로 직장에서 어땠느냐는 은퇴 후 별 의미가 없다. 은퇴 후 인생은 리셋된다. 그리고 은퇴 후 삶은 가지고 있는 돈의 크기에 따라 달라진다. 그러니 최대한 돈을 많이 모아두라. 이게 은퇴를 준비하는 사람에게 미리 은퇴한 사람으로서 최우선적으로 하는 권유다.

THE PSYCHOLOGY of BIG MONEY

04

채권자와 채무자의 심리

우리는 보통 채무자와 채권자에 대해 이렇게 생각한다. 돈이 꼭 필요한데 가진 돈이 없어 주변 사람이나 은행으로부터 돈을 빌린다. 돈을 빌렸으니 당연히 갚아야 한다. 그래서 돈을 갚기 위해 열심히 일하고 돈 관리도 철저히 한다. 그런데 갚을 돈이 잘 모이지 않는다. 돈을 갚으려고 열심히 노력하는데도 채권자는 계속 돈을 갚으라고 난리다. 스토커처럼 전화하고, 찾아와 협박도 한다. 자신뿐 아니라 가족이나 지인 등 주변에까지 소문을 내며 돈 갚으라고 난리를 친다. 돈밖에 모르는 냉혹한 채권자와 돈이 없어 고통당하는 불쌍한 채무자. 이것이 채권자와 채무자에 대한 일반적 인식이다.

그렇다면 우리의 이런 일반적인 인식은 과연 정당할까?

대비 없이 돈 빌리는 사람들

나는 주변 지인들에게 몇 번 돈을 빌려준 적이 있다. 천만 원이 넘는 수준의 돈이었다. 최근의 일도 아니고 최소 10여 년 전 이야 기이니, 지금 가치로 따지면 수천만 원은 될 테다. 그렇게 몇 명에 게 몇 번 돈을 빌려줬는데, 빌려준 돈을 한 번도 되돌려받지 못했 다. 빌려주면 받지 못한다. 나의 경험상으로는 그렇다.

어려우니까 돈을 빌린 것이고, 그 후에도 일이 안 풀리다 보니 갚지 못했을 수 있다. 그런데 돈을 빌려간 사람은 몇 번 만나 얼굴 만 아는 사이가 아니다. 오랫동안 친구로 지내온 사람들이다. 당 연히 돈을 빌려주기 전후 그가 어떻게 살고 있는지 생활을 다 안 다. 한 지인은 돈을 빌린 후 가족이 해외여행을 갔다. 해외여행을 가기로 가족과 약속했다는 이유에서다. 물론 가족과 약속하면 지 켜야 한다. 그렇다면 돈을 갚겠다는 약속은 어떻게 된 것일까. 가 족이 해외여행을 갈 돈이면 빌린 돈을 충분히 갚을 수 있었다. 돈 이 생기면 가족과 한 약속을 지킨다. 하지만 빌린 돈을 갚겠다는 약속은 미룬다.

돈을 빌려간 다른 친구는 새 차를 샀다. 생활하면서 차는 꼭 필 요하다는 이유에서다. 새 차를 살 액수면 충분히 빌린 돈을 갚을 수 있다. 하지만 돈을 갚기 전 일단 차부터 샀다. 새 아파트로 이사 간 사람도 있다. 돈이 많이 들었지만 자기 돈이 아니라 가족이 보 태준 것이란다. 집은 구할 수 있지만 갚을 돈은 없다는 것이다.

칭찬에서 망각으로

언제쯤 빌린 돈을 갚을까. 해야 하는 일 다 하고, 사고 싶은 것 다 사고, 자식 학비 다 내고, 노후 준비 다 하고, 그 후에 남는 돈이 있으면 갚을 것이다. 그런데 이는 재벌이라도 쉽지 않은 일이다. 재벌이 돼도 새로운 사업을 하고 투자할 돈이 부족한 법이다. 충분히 여유가 생겨 갚을 수 있는 돈 같은 것은 없다.

재미있는 지점은 돈을 빌린 사람의 마음이다. 처음에는 나를 굉장히 칭찬했다. "너 덕분에 문제를 해결할 수 있었고, 돈을 빌려줘서 정말 고맙다. 이런 돈을 선뜻 빌려주다니 정말 진정한 친구다"라며 찬사를 보낸다. 몇 년이 지났다. 돈을 빌릴 수 있었던 건 자신이 훌륭해서다. "요즘 세상에 누가 돈을 빌려주나. 하지만 나는 평소 신용이 있었고, 잘 살아왔다. 그래서 친구가 나를 믿고 돈을 빌려줬다. 내가 그동안 잘 해왔기 때문에 돈을 빌릴 수 있었던 것이다"라고 한다. 몇 년이 더 지났다. 이제는 돈을 빌렸다는 사실을 잊어버린다. "아, 내가 너에게 돈을 빌렸었지. 갚아야 하는데"라고 한 번씩 떠올릴 뿐이다. 그래도 아직까지는 돈을 빌렸다는 것을 상기해주면 돈을 빌린 사실은 인정한다. 아마 몇 년이 더 지나면 "나는 돈을 빌린 적이 없다. 다른 사람과 착각하고 있는 거 아니냐"라고 말할지도 모른다.

이런 경험을 몇 번 하면 돈 갚으라고 닦달하는 채권자는 나쁜 사람이고, 돈을 빨리 갚으라고 독촉받는 채무자는 불쌍한 사람이라는 명제를 받아들일 수 없게 된다. 돈을 갚으려 노력하지만 정말 돈이 없는 사람도 있을 것이다. 그런데 우리는 보통 '이 사람은 돈을 갚을 수 있다'는 판단이 들 때 돈을 빌려준다. 돈을 갚을 능력이 없다고 생각되는 사람에게는 돈을 빌려주지 않는다. 차라리 그냥 준다.

정말 돈이 없는 사람에게는 돈을 갚으라고 닦달하지도 않는다. 닦달한다고 없는 돈이 나오는 것은 아니다. 아무리 닦달해도 돈이 없으면 갚지 못한다. 돈을 빌려준 것을 기회 삼아 다른 이득을 얻으려는 불법 고리대금업자라면 모를까, 돈만을 목적으로 하는 이는 정말 돈이 없는 사람에게는 닦달하지 않는다. 자기 시간만 버리는 일이고, 그 시간에 다른 일을 하는 것이 오히려 이득이기 때문이다.

채무자는 정말 불쌍한 사람인가

사람은 돈을 갚지 않아도 자신에게 해가 없다고 판단하면 돈을 안 갚으려 한다. 갚을 돈이 있어도 마찬가지다. 은행 등 금융기관으로부터 빌린 돈은 갚지 않으면 신용불량자가 돼 금융거래가 제한된다. 그래서 갚으려 한다. 돈을 갚지 않으면 담보물이 경매 처분될 경우에도 갚으려 노력한다. 해결사가 돈을 안 갚으면 가만두지 않겠다고 협박해올 경우에도 무서워서 갚는다. 그럼 그 외 경우는 어떤가. 돈을 갚지 않으면 채권자가 욕하고, 채권자하고 사이가 틀어지기만 할 때 말이다. 그때는 돈을 안 갚는다. 채권자와의 개인적 관계보다 돈이 더 중요해서다.

결국 돈을 빌려준 이는 선택해야 한다. 돈을 빌려간 사람에게 계속해서 돈 이야기를 할지, 돈을 포기하고 그냥 관계를 이어나갈지를 말이다. 해결사를 동원해 협박하는 등 불법 행위를 하지 않는 한 어차피 빌려준 돈은 받지 못한다. 돈을 못 받아도 그냥 묻어둔 채 계속 친구로 지낼 것인가, 아니면 돈을 안 갚으니 욕하고 다시는 안 볼 사이가 될 것인가 중 선택의 문제다. 나는 돈을 포기했다. 그 친구들을 지금도 계속 보고 있다. 가끔 내가 돈을 빌려줬다는 사실을 상기해준다. 이마저도 안 하면 "너에게 돈을 빌린 적이 있던가" 할지도 모른다. 안 빌린 척하는 것이 아니라, 정말 빌린 사실 자체를 잊어버릴 수 있다.

빌린 돈을 꼭 갚으려는 사람도 있다. 하지만 빌린 돈을 갚지 않아도 된다고 생각하는 사람도 분명 적잖게 존재한다. 돈을 빌려주고 돌려받지 못하는 경험을 몇 번 하면 최소한 모든 채무자가 불쌍하게 희생당하는 사람은 아니라는 사실을 깨닫게 된다.

어쨌든 돈을 빌려주면 돌려받지 못할 거라고 생각하는 게 마음 편하다. 그러니 돈을 빌려줄 때는 이 돈은 받지 못한다고 생각하고, 그래도 되는 사람에게 그래도 되는 돈을 빌려주는 게 맞을 것이다.

How Money Moves People

05

복권 고액 당첨자 3,000여 명을 조사해보니

로또에 당첨돼 큰돈이 생기면 그 사람의 인생은 행복해질까. 로또에 당첨되는 게 아니더라도 가까운 친인척으로부터 상속을 받는 등 큰돈이 생기면 인생이 더 행복해질까. 사람들은 큰돈이 생기면 더 행복해질 것이라고 생각한다.

하지만 이에 반박하는 의견도 많다. 갑자기 큰돈이 생기다 보니 제대로 관리하지 못하고 낭비한다거나, 로또에 당첨된 사람이 이혼 등으로 가정이 파괴되고 돈도 다 날려서 오히려 불행해진 사례가 심심찮게 보도된다.

로또 당첨, 즉 큰돈이 갑자기 생겨도 행복해지는 것은 아니라는 사실은 오래전부터 알려져 있었다. 이에 대한 가장 고전적이면서도 유명한 연구는 필립 브릭먼Philip Brickman 미국 노스웨스턴대 교수 연구팀이 1978년에 발표한 내용이다.

복권 당첨자 행복도 < 장애인 행복도

이 연구팀은 복권 당첨자와 교통사고 등으로 반신마비 등을 겪는 후천적 장애인의 행복도를 비교 연구했다. 복권 당첨자들은 각각 5~100만 달러를 받았는데, 당시 물가로는 거액이라고 할 수 있다. 복권에 당첨된 초기에는 당첨자들의 행복도가 매우 높았다. 5점 만점에 4점으로 조사됐을 만큼 큰 행복을 느꼈다. 문제는 시간이 몇 년 지난 후였다. 몇 년 후 복권 당첨자들의 행복도는 5점 만점에 3.33점이 됐다. 이에 반해 장애인들의 행복도는 처음 조사 때 5점 만점에 2.96점으로 매우 낮았다. 하지만 시간이 지난 후 행복도가 3.48점으로 올라갔다. 장애인의 행복도가 오히려 복권 당첨자의 행복도보다 높았다.

연구팀은 이렇게 행복도가 변하는 이유가 사람들이 현 상황에 적응하고 익숙해지기 때문이라고 봤다. 복권 당첨자는 굉장한 행운아인 것이 사실이고 처음에는 모두 행복해한다. 하지만 곧 그 상태에 적응되면서 점차 자신의 원래 행복도 수준으로 돌아간다. 교통사고 등으로 장애를 갖게 된 사람은 처음에는 불행해한다. 하지만 매일매일 그 상태에 적응해가면서 행복도 역시 원상태로 돌아간다. 사람에게는 각자 고유의 행복 수준이 있고 단기적 사건으로 행복도가 변할 수는 있지만, 장기적으로는 고유의 행복 수준을 느낄 뿐이다. 큰돈이 생기더라도 단기적으로는 몰라도 장기적으로 더 행복해지는 것은 아니라는 얘기다.

이 연구는 돈이 많다고 행복해지는 건 아니라는 점, 장애인이 다 불행하다고 느끼는 것은 아니라는 점을 밝혀내 이후 행복론 관련 분야에 큰 영향을 미쳤다. 그런데 문제가 있다. 연구팀은 복권 당첨자들과 사고로 장애인이 된 사람들의 행복도를 비교 연구했는데, 그 수가 각각 20여 명 수준이었다. 제대로 된 과학적 검증 결과로 인정받으려면 연구 대상자가 최소 몇백 명은 돼야 한다. 20여 명만 조사한 결과로 '복권 당첨자는 이렇다'라고 일반화하기는 어렵다. 하지만 거액의 복권 당첨자들을 직접 만나 조사하는 건 현실적으로 어렵기 때문에 이런 한계에도 브릭먼 교수팀의 연구 결과는 고전이 됐다.

이후 복권 당첨자들에 대한 연구는 계속됐다. 문제는 거액 당첨자를 대상으로 자료를 수집하는 것이 어렵다는 점이었다. 그래서 대다수 연구는 거액이 아니라 몇백만 원 당첨도 포함시켜 복권 당첨자의 상황 및 행복도 등을 조사하곤 했다.

복권 당첨자 대부분은 돈 관리를 잘한다

그런데 2018년 이런 한계를 극복한 연구 결과가 나왔다. 에리크

린드크비스트$^{Erik\ Lindqvist}$ 스톡홀름대 교수 연구팀은 세후 10만 달러(1억 3,200만 원) 이상 복권 당첨금을 수령한 3,362명을 대상으로 연구를 진행했고, 실제 큰돈이 생겼을 때 사람들의 행복도에 어떤 영향을 미치는지에 관한 일반론을 제시할 수 있었다.

이 연구팀의 연구 결과를 보면 복권 고액 당첨자들은 첫째, 재정적 안정감이 증가됐다. 연구는 복권에 당첨된 지 최소 5년이 넘은 사람들을 대상으로 했는데, 5년이 지났는데도 그들의 재정적 안정감은 보통 사람보다 높았다. 당첨금을 바로 다 낭비하거나 써버리지도 않았다. 물론 당첨금을 다 써버리고 오히려 재정적 곤란에 빠진 사람도 있었겠지만, 대부분은 그렇지 않았다. 돈을 잘 관리했고, 그 덕분에 시간이 지난 후에도 재정적 안정감을 높게 유지했다. 최소한 복권 당첨자는 돈을 바로 낭비하면서 다 써버릴 것이라는 일반 상식은 맞지 않았다.

둘째, 현재 어느 정도 행복한가라는 점에서는 보통 사람과 유사했다. 즉 복권 당첨이 일상생활의 행복감을 증가시키지는 못했다. 처음에는 행복감이 컸을지 모르지만, 시간이 지날수록 복권 당첨으로 증가한 행복감은 사라졌다. 돈이 많다고 해서 더 행복해지는 것은 아니라는 명제는 진실이었다.

셋째, 정신건강 측면에서도 보통 사람과 유사했다. 정신적인 면에서 더 안정화된 것도, 그렇다고 더 나빠진 것도 아니었다. 돈은 사람의 정신건강에 별다른 영향을 미치지 못했다.

넷째, 삶의 만족감이 높아졌다. 복권 당첨자는 보통 사람보다 더 행복하지는 않지만 삶의 만족감은 높았다. 행복감과 삶의 만족감은 다르다. 예를 들어 아기를 낳아 어머니가 된 경우를 조사해보면 어머니들의 삶의 만족감은 높은 것으로 나타난다. 귀여운 아기를 낳고 키우는 것에 대해 충분히 만족해한다. 그런데 행복도는 다르다. 행복도는 그날그날 얼마나 행복을 느끼느냐. 어머니는 아기 때문에 잘 자지 못하고, 하루 종일 먹이고 재우고 기저귀도 갈아줘야 한다. 하루하루가 힘든 만큼 지금 행복한가를 묻는 행복도 점수는 낮게 나온다. 아기를 낳고 키운다는 만족감은 있지만, 실제 하루하루의 생활은 힘든 것이다.

복권 당첨자의 행복도는 보통 사람과 별 차이가 없지만 삶의 만족감이 높다는 것은 전반적으로 자신의 삶을 긍정적으로 보고 있다는 의미다. 연구팀은 이 점이 복권 거액 당첨자의 삶에 긍정적 영향을 미친다고 봤다. 기존 연구들은 사람들이 현 상태에 익숙해지면 행복감이 제자리로 돌아온다고 봤다. 행복도는 제자리로 돌아온다. 하지만 삶의 만족감은 제자리로 돌아오지 않고 계속 높은 수준을 유지한다. 그리고 복권 당첨자들이 삶의 만족감이 높은 이유는 다른 게 아니라 재정적 안정감 덕분이다. 즉 '복권 거액 당첨→재정적 안정감 증가→삶의 만족감 증가'라는 관계가 성립하는 것이다.

이 연구 결과는 보통 사람들이 가진 선입견이나 편견 2가지가 옳지 않았다는 점을 말해준다. 하나는 복권 거액 당첨자는 갑작스레 들어온 큰돈을 제대로 관리하지 못하고 대부분 써버릴 것이라는 오해다. '복권 당첨자가 나중에 불행해졌다' '파산했다' 같은 이야기가 워낙 많이 들려오다 보니 대다수 복권 당첨자의 삶이 오히려 망가졌다고 생각하는 것이다. 그러나 이 연구 결과는 그렇지 않다는 것을 보여준다.

　복권 당첨으로 불행해지고 파산하는 사람도 분명히 있지만, 대부분은 당첨금을 잘 유지하면서 자신의 삶을 업그레이드하는 데 사용했다. 일반적으로 사람은 돈 때문에 정신을 못 차리고 자제력과 자기 자신을 잃어버리는 바보가 아니다.

경제적 여유는 삶의 만족감을 높인다

나머지 하나는 돈이 사람을 더 행복하게 하지 못한다고 해서 돈이 사람에게 긍정적 영향을 미치지 않는 것은 아니라는 점이다. 돈은 분명 사람을 더 행복하게 하지는 못한다. 돈이 많다고 밥 먹을 때 더 행복한 것도, 여행 갈 때 더 행복한 것도 아니다. 이런 일들에서는 돈이 있으나 없으나 똑같이 행복하다고 느낄 수 있다. 하지만 돈이 많으면 삶을 바라보는 시각, 삶 전반에 대한 만족감이 증가한다. 이런 만족감은 보통 자기 삶에 대한 통제감에서 나온다. 돈이 있으면 외부 환경에 덜 흔들리고 자기 삶을 통제하기 쉽다. 그 통제감이 삶의 만족감으로 이어지는 것이다.

　반복되는 얘기지만 돈이 많다고 더 행복해지는 건 아니다. 하지만 삶의 만족감은 높아진다. 큰돈은 분명 인생에 긍정적 영향을 미칠 수 있다. 돈을 추구한다는 건 자기 삶의 만족감을 높이는 주요 수단일 수 있다.

How Money Moves People

06

직장인에게 은퇴 후
화려한 생활은 그저 꿈일 뿐

50대 중반의 한 친구가 퇴직을 했다. 명예퇴직이었기에 몇 년 치 연봉에 해당하는 명예퇴직금을 받고 나왔다. 정식 퇴직금과 합하면 5억 원 넘는 돈을 손에 쥐었다. 이렇게 큰돈을 평생 만져본 적 없는 친구는 먼저 (파이어족으로) 퇴직한 나에게 일종의 컨설팅을 부탁했다. 이 돈을 어떻게 운용해야 화려한 노년 생활을 준비할 수 있을까에 대한 것이었다. 친구가 원하는 건 현 생활수준을 유지하면서 여생을 살아가는 것이다. 이 수억 원의 퇴직금으로 그게 가능할까. 앞으로 어떻게 해야 지금처럼 계속 살 수 있을까. 내 대답은 별로 긍정적이지 않다. 5억 원 넘는 돈은 굉장히 큰돈이긴 하다. 하지만 그 돈으로 현 생활수준을 유지하면서 사는 건 쉽지 않을 것이다. 예상하지 못한 재정적 변동도 발생할 수 있다.

퇴직자가 치킨집 차리는 이유

먼저 내 경우를 이야기해보자. 나는 일정 규모의 자산을 모은 후 2021년 8월 직장을 그만뒀다. 17년간 직장에서 근무했고, 퇴직금으로 1억 6,000만 원이 나왔다. 퇴직금을 받고 처음 든 생각은 이것이다. '내가 파이어족으로 직장을 그만둔 게 아니라, 다른 사정으로 어쩔 수 없이 직장을 그만뒀다면 치킨집을 차리는 수밖에 없었겠구나.'

내가 투자로 돈을 벌지 않고 직장만 다니다가 50대 초반 나이에 퇴직했다면 어떤 인생이 펼쳐졌을까. 연금은 65세부터 나온다. 연금이 나오기 전까지 10여 년을 먹고살아야 하는데, 가지고 있는 현금은 퇴직금으로 받은 1억 6,000만 원이 전부다. 이 1억 6,000만 원으로 연금을 받기 전까지 살아간다면 1년에 1,200만 원, 1달에 100만 원으로 생활해야 한다. 중산층으로 살아왔는데 당장 사회 최하소득층이 돼버리는 것이다.

그럴 순 없다. 돈을 벌어야 한다. 그런데 50대 중반에 새로 직장을 얻기는 힘들다. 자영업을 해야 하는데 1억 6,000만 원으로 할 수 있는 게 뭐가 있을까. 목 좋은 곳에 프랜차이즈 커피숍을 여는 것도 몇억 원이고, 세탁소 프랜차이즈도 몇억 원이 필요하다. 특별한 기술 없이 이 돈으로 할 수 있을 것이라고 떠오른 일이 3가지였다. 치킨집, 편의점, 조그만 커피숍. 그제야 한국에서 치킨집, 커피숍이 우후죽순 생기는 이유를 알았다. 자영업을 크게 하려면 자본금이 훨씬 많이 필요하다. 일반 퇴직자의 자금 수준에서 할 수 있는 것은 치킨집, 작은 커피숍뿐이다.

그동안 나는 한국 자영업자의 어려움을 이야기하곤 했다. 그런데 알고 보니 자영업자보다 더 어려운 이는 나이 들어 직장을 그만둔 사람들이다. 이들은 제대로 자영업을 시작할 돈도 없다. 직장을 그만두고 나면 자영업자들이 그 나름 성공한 것처럼 보인다. 어쨌든 퇴직금 1억 6,000만 원을 손에 쥐었다. 그럼 이 1억 6,000만 원이 고스란히 내 돈으로 남을까. 그렇지 않았다. 은행에서 마이너스 통장 대출금을 상환하라는 연락이 왔다. 직장을 다니면서 마이너스 통장을 만들었고, 10년 넘게 아무 이상 없이 사용하고 있었다. 그사이 마이너스 통장 한도는 점점 늘었다. 직장을 그만두니 마이너스 통장을 더는 쓸 수 없다고 했다. 마이너스 통장은 1년에 한 번 연장된다. 이때 직장이 없으면 재연장이 안 된다. 그때까지 사용하고 있던 마이너스 대출금을 모두 상환해야 한다. 마이너스 통장만이 아니다. 담보대출도 직장 소득 규모에 따라 대출액 규모가 달라진다. 직장을 그만둬 더는 정기 소득이 없으면 담보대출 한도도 줄어든다.

은퇴자의 생활수준 하락은 현실이었다

나는 이전보다 자산이 훨씬 많아져 직장을 그만뒀다. 경제 상태가 퇴직 전보다 좋았다. 하지만 은행에서 중요하게 생각하는 건 안정적인 월급이 들어오는 직장이 있는지 여부였다. 아무리 자산이 있어도 직장이 없으면 마이너스 통장을 사용할 수 없다. 나는 마이너스 통장 대출금 6,000만 원을 상환해야 했다. 퇴직금 1억 6,000만 원에서 6,000만 원 대출금 상환은 크다. 내가 퇴직금만 바라보고 있었다면 예상하지 못한 큰 지출 탓에 바로 재정적 어려움에 처했을 것이다.

은행 대출금 상환 이후 발생한 일은 직장에 다닐 때보다 훨씬 오른 국민건강보험료 고지서 수령이었다. 직장가입자에서 지역가입자로 변경되면서 국민건강보험료가 크게 올랐다. 보통 사람들이 직장을 그만두면 앞으로 어떻게 할지 걱정한다. 돈 걱정을 하고, 지금 있는 돈으로 뭘 어떻게 할지 고민한다. 더는 버는 돈이 없어 살아갈 일이 걱정인데, 국민건강보험료를 더 많이 내라고 고지서가 날아온다. 넘어진 사람을 밟는 격이다. 또 일반 신용카드면 모를까, 소위 프리미엄급 신용카드도 발급이 안 된다. 나는 해외 항공권 서비스 등을 목적으로 프리미엄급 신용카드를 쓰고 있었다. 15년 동안 아무 문제없이 쓴 카드였다. 그런데 직장을 그만두니 재연장이 안 됐다. 은행처럼 신용카드사도 고객의 재산 상태보다 어떤 직장에 다니는지를 더 중요시했다. 한국 금융기관은 정말 바보 같다는 생각을 하게 됐지만, 사용하는 카드를 바꿀 수밖에 없었다.

친구는 퇴직금, 명예퇴직금으로 평생 처음 '자기 맘대로 쓸 수 있는 큰돈'을 손에 쥐게 되어 그렇게 기분 나쁜 상태는 아니었다. 기분 좋은 은퇴 생활을 기대했다. 나는 거기에 초를 쳤다. 일단 그게 다 쓸 수 있는 돈이 아니다. 은행 신용대출이 있으면 다음 심사 때 모두 갚아야 할 것이다. 지금까지처럼 연장이 잘 되지 않는다. 그리고 담보대출도 모두 다는 아니어도 몇천만 원은 분명 갚아야 한다. 그리고 현 생활수준을 유지하는 데 소모되는 돈은 이전보다 훨씬 늘어날 것이다. 전에는 평일에 일하고 주말에만 여행을 가거나 취미활동을 했다. 하지만 은퇴하면 평일에도 뭔가 활동을 하게 되는데, 그럼 필연적으로 돈을 쓰게 된다. 과거에는 일을 했던 시간에 이제는 돈을 쓴다. 국민건강보험료뿐 아니라 생활비도 더 들어간다. 직장을 그만둔 후 평일에는 아무것도 안 하고 집에서만 시간을 보내야 생활비 지출이 같아질 것이다.

5억 원 넘는 돈도 충분한 액수가 아니다. 친구가 현 생활수준을 유지하려면 매달 500만 원은 써야 한다. 그럼 1년에 6,000만 원이고, 10년이면 6억 원이다. 지금 있는 돈은 모두 다 써버리는 것이고, 그다음에는 월 백몇십만 원 연금을 받아서 생활해야 한다. 65세가 되면 생활수준이 팍 낮아져야 하는 것이다. 그때 충격을 막으려면 지금 월 300~400만 원을 쓰고 65세 이후에 200~300만 원을 쓰도록 해야 한다. 지금부터 생활수준을 낮춰야 한다. 젊어서 열심히 일하고 은퇴 후 화려한 생활을 한다는 건 신화다. 실제로는 생활수준이 대폭 내려간다. 앞으로 나아지리라는 기대를 가질 수 없는 생활수준의 하락이다. 은퇴 후 생활수준을 똑같이 유지하려면 몇 배나 많은 돈이 필요하다. 그럼 새로 직장을 구하면 괜찮을까. 직장을 구하면 이 과정이 뒤로 좀 더 미뤄질 뿐이다. 그 직장을 그만두면 어차피 똑같은 상황을 겪어야 한다. 그리고 50대에 퇴직해 새로 얻는 직장은 절대 이전 직장만큼 연봉을 주지 않는다. 생활수준 하락은 피할 수 없다.

퇴직금으로 투자? 실패 확률 높다

그럼 이 퇴직금을 기반으로 투자를 하면 되지 않을까. 연 10% 수익을 얻으면 가진 돈을 거의 까먹지 않으면서 현 생활수준을 유지할 수 있다. 하지만 이에 대한 내 대답도 '노No'다. 그동안 계속 투자를 해온 사람이 그 돈으로 투자하면 괜찮을 수 있다. 하지만 그동안 투자를 하지 않았던 사람이 큰돈이 생겼다고 투자를 시작하면 그냥 다 잃는다고 보면 된다. 돈만 많은 초보 투자자는 이 세계에서 그냥 '밥'이다. 몇 년 안에 큰돈을 잃는 경험을 할 것이라고 장담할 수 있다.

어쨌든 오랫동안 일만 해온 건 사실이니, 퇴직 후 크루즈 해외여행 등에 돈을 써도 된다. 하지만 그것은 은퇴 초기 어쩌다 한 번이다. 계속해서 그런 생활을 할 수는 없다. 몇 살까지 살지 불확실한 상황이니 계속 돈을 쪼개 쓰면서 생활해야 한다. 생활수준은 계속해서 하락할 것이다. 다만 사람은 적응의 동물이다. 이 때문에 불행해하지는 않을 것이다. 안분지족하며 그 나름 만족하며 살아갈 것이다. 한 가지 분명한 건 나이 들어 퇴직하면 생활수준이 유지되거나 나아질 가능성이 거의 없다는 점이다. 대다수 직장인에게 은퇴 후 화려한 생활은 그저 꿈일 뿐이다. 안타깝지만 그게 현실이다.

How Money Moves People

07

차비가 없다는 사람 앞에서

얼마 전 집 앞 큰길에서 있었던 일이다. 밤 12시가 넘은 시간, 한 남자가 말을 걸어왔다. 지갑과 휴대전화를 잃어버렸고, 집에 가야 하는데 버스와 전철이 끊겨 택시를 타야 하니 택시비를 좀 빌려달라는 것이었다. 그리고 집이 경기도라서 택시비가 몇만 원 나오고, 의심받을 상황이라는 건 아는데 자기는 절대 사기꾼이 아니고 진짜라고 강조했다. 빌려주면 꼭 보답할 거라고도 했다.

머릿속은 여러 가지 생각으로 복잡해졌다. '도와줘야 하나, 말아야 하나.'

초중고 시절, 학교 교과서에는 어려운 사람은 도와야 한다고 나온다. 그런데 이런저런 사회 경험을 하고 나면 상대방이 어렵다고 해서 쉽게 돕게 되지가 않는다. 어떻게 해야 할까.

차비가 없다는, 참 뻔한 거짓말 앞에서

대학생 때였다. 학교 앞 버스 정류장에서 지하철역까지는 걸어서 30분 정도를 가야 하는 거리였는데, 정류장 앞에서 한 여자가 버스비가 없다고 도와달라고 했다. 버스비가 몇백 원 하던 시절이었고, 나에게는 지폐만 있었던 것 같다. 큰돈을 줄 수는 없으니 돈이 없다고 거절하고 도와주지 않았다. 그리고 끝이었다. 그 여자를 다시 볼 일은 없었다.

그런데 이후 그 여자의 도움을 그냥 거절한 일이 잊히지 않았다. 큰돈도 아니고 버스비에 불과했는데 왜 도와주지 않았을까. 그 여자도 고민하다가 힘들게 부탁했을 거라고 생각하니 그걸 거절한 일이 계속 마음에 걸렸다. 지금은 당시 미팅이나 소개팅을 한 여자들 얼굴은 하나도 기억나지 않는다. 그런데 그때 버스비를 도와달라고 말하던 얼굴은 잊히지 않는다. 도와줬어야 했다. 후회가 남았고, 다음에 그런 일이 있으면 꼭 도와주자고 마음먹었다.

한참 시간이 지났고, 부산에 갔을 때였다. 부산역에서 서울행 기차를 타러 이동하는데, 한 남자가 말을 걸어왔다. 양복과 구두를 차려입고 서류 가방까지 들고 있어 누가 봐도 직장인 모습이었다. 그는 기차를 타고 서울에 가야 하는데 지갑을 잃어버렸다며, 돈이 없어 기차표를 끊지 못하고 있으니 기차표를 살 수 있게 돈을 빌려달라고 했다. 명함도 주면서 자기는 거짓말을 하는 게 아니며 믿을 수 있는 사람이라고 여러 차례 말했다. 또 서울에 도착하면 바로 돈을 갚겠다고, 계좌를 알려주면 바로 송금하겠다고도 했다. 대학생 때 버스 정류장에서의 경험 이후 이런 사람은 도와야 한다고 계속 생각해왔다. 그래서 기차표를 사주겠다고 했다. 단, 지금 현금이 없으니 카드로 결제해주겠다고 했다. 같이 매표소로 가 카드로 기차표를 사주겠다고. 그런데 이 말을 듣고 그 사람은 그냥 사라졌다. 서울에 가기 위해 기차표 살 돈이 필요하다고 그렇게 말해놓고, 현금을 주는 게 아니라 기차표를 직접 사준다고 하니 가버렸다. 그럼 자연스레 이 사람의 정체를 알 수밖에 없다. 그는 사기꾼이었다.

서울 강남 한 지하철역에서 있었던 일이다. 지하철역 입구에서 한 할아버지가 지하철비가 없다며 돈을 빌려달라고 했다. 나이가 드신 분은 지하철비가 무료 아닌가. 그런데 이 할아버지는 자기가 아직 그 나이는 아니란다. 할아버지가 지하철비가 없어 어려워하면 도와야 한다. '요즘 지하철비가 1,000원은 넘으니, 2,000원이면 충분하겠지'라 생각하고 2,000원을 건넸다. 그런데 할아버지 말이 5,000원은 있어야 한단다. 자기가 가야 하는 곳은 경기도 먼 곳이라서 지하철비가 그 정도 나온다는 것이다. '이걸 믿어야 해, 말아야 해' 갈등이 밀려온다. 하지만 어쨌든 주기로 한 것이니 5,000원을 건넸다.

이 할아버지도 사기꾼이라는 것을 나중에 알았다. 좀 지나서 이 할아버지가 지하철역 안에서 다른 사람들한테 지하철비가 없다며 도와달라고 하는 모습을 봤다. 한 번이라면 진짜 지하철비가 없어 곤란했던 것일 수 있다. 하지만 같은 지하철역에서 얼마 지나지 않아 같은 사람이 똑같은 행동을 하고 있는 건 우연으로 보기 어렵다. 이 할아버지는 지하철비가 없다며 사기를 치고 있었던 것이다.

사실 누군가가 차비가 없다며 도와달라고 한 게 이 몇 번만은 아니다. 그보다 훨씬 많다. 하지만 보통은 다 1,000원, 2,000원 정도면 된다. 그런데 앞 사례들은 5,000원, 몇만 원 등 많은 금액을 요구했기에 기억에 남는다. 그리고 차비가 없다며 돈을 달라는 경우는 대부분 사기였다. 진짜로 차비가 없어 곤란한 사람이 도와달라고 하는 경우보다 차비가 없다는 명목으로 돈을 얻으려고 하는 사람이 더 많았다.

도와준 자로서의 즐거움 vs 사기당한 자로서의 괴로움

이런 경험들을 하고 나니 자신이 어렵다며 도와달라는 사람의 말이 제대로 귀에 들어오지 않는다. '어렵구나, 도와야겠다'는 생각보다 '이거 사기 아닌가' 하는 의심이 먼저 드는 게 사실이다. "사람은 어려운 이들을 도와야 한다." "여유 있는 사람은 돈이 없어 어려워하는 이들을 지원해야 한다." 흔히들 하는 말이다. 그런데 어려운 이들을 도우려면 진짜 어려운 이들만 도와달라는 말을 해야 한다. 어려운 이를 도와야 한다는 명목으로 사기를 치는 사람이 많으면 돕고 싶어도 쉽게 도울 수가 없다. 어려운 이들을 도왔을 때 느끼는 긍정적 만족감과 사기를 당했을 때 느끼는 부정적 언짢음을 비교하면 후자가 훨씬 강도가 세다. 사람들은 어려운 이들을 돕는 것을 포기하더라도, 남한테 사기당하지 않는 것을 더 원하게 된다.

처음 이야기로 돌아가자. 집 앞 거리에서 택시비를 빌려달라는 사람을 만났다. 옷은 깨끗하고, 말투도 점잖았다. 사기를 칠 사람 같지는 않다. 그런데 부산역에서 만난 그 남자도 양복을 쫙 빼입고 구두에 서류가방까지 들고 다녔다. 외모나 복장이 사기꾼과 보통 사람을 구별해주지는 않는다. 지금 택시비가 없으면 일단 택시를 잡아탄 뒤 집에 도착해서 주면 되지 않나. 그런데 지갑을 잃어버린 상태에서 집에 간다고 돈, 카드가 나오는 건 아니란다. 그건 그럴 수도 있겠다. 이 사람은 진짜로 집에 갈 택시비가 필요한 사람이거나, 아니면 택시비 명목으로 돈을 빼내려는 사기꾼이거나 둘 중 하나다. 객관적으로 볼 때, 그리고 내 경험으로 볼 때 사기꾼일 확률이 높다. 그냥 돌아서는 게 답이다. 하지만 정말 이 사람이 집에 갈 차비가 없다면 어떻게 될까. 그런 경우라면 한밤중에 정말로 곤란한 처지에 놓일 것이다.

머릿속으로 시나리오를 그려본다. 만약 이 남자가 사기꾼이라면? 그럴 확률이 높은데, 그때 손실은 나의 몇만 원이다. 만약 이 남자가 정말 어려운 처지에 놓인 거라면? 그럴 확률은 낮지만, 그때 나의 몇만 원은 이 사람에게 정말로 큰 도움이 될 것이다. 사기 상황이면 내가 몇만 원 손해 보는 거로 끝나고, 실제 상황이면 이 사람은 길거리에서 노숙하는 상황에서 벗어난다. 나의 손실보다 이 사람의 이익이 훨씬 크다. 나는 그 남자에게 택시비를 건넸다. 사기일 가능성이 크기는 하지만, 그래도 실제 상황일 수 있어서 택시비를 줬다. 상대방은 정말 고맙다며 연락처를 달라고 했다. 빌린 돈을 꼭 돌려주겠다고 했다. 하지만 연락처는 알려주지 않았다. 그냥 됐다고 말하고 내 갈 길을 갔다.

사기는 어려운 사람을 두 번 죽인다

다른 사람을 도우면서 자기를 내세우지 않는 의인 행세를 하려던 건 아니다. 이름을 밝히며 돕는 것보다 익명으로 돕는 게 더 멋있어 보여서 그런 것도 아니다. 솔직한 내 심정은 이 사람이 사기꾼일 가능성이 더 큰 만큼 사기꾼에게 내 연락처를 주고 싶지 않았기 때문이다. 실제 상황이라면 정말 고마웠다며 돈을 돌려주겠다는 연락을 해오겠지만, 사기 상황이라면 오히려 연락처를 준 것 때문에 나중에 탈이 날 수도 있다. 그냥 여기서 모든 상황을 끝내는 게 낫고, 그래서 연락처를 주지 않았다.

택시비가 없어 집에 가지 못하던 사람을 도왔다. 그런데 마음이 즐겁거나 개운하지가 않다. '사기당한 거 아닌가'라는 찜찜함이 더 크다. 사기당한 것일 테다. 하지만 만에 하나 이게 진짜 상황이었을 가능성도 있다. 그 가능성에 기대어 찝찝함을 달랜다.
그리고 생각한다. 어쩌다 한국 사회가 이렇게 됐을까. 서로 돕는
사회를 만들자고 떠들지만, 막상 남을 도우면 사기당한 거 아닌가
라는 찝찝한 기분이 든다. 누군가 도움을 청해올 때 이런 감정이
들어서는 도울 수가 없다. 어려운 사람을 돕는 좋은 사회를 만들
려면 먼저 사기가 만연하지 않는 신뢰 사회가 구축돼야 한다. 사
기꾼이 득세하는 사회에서는 어려움에 처한 다른 사람들을 돕기
가 힘들다.

How Money Moves People

THE PSYCHOLOGY of BIG MONEY

08

"아버지가 빨리 죽었으면……"
돈 많은 부자들의 비극

조선시대 〈관동별곡〉으로 유명한 정철은 1591년 좌의정 자리에 있었다. 당시 동인과 서인으로 조정이 나뉘었는데, 정철은 서인의 우두머리였다. 1589년 동인 정여립의 난이 있었고, 정철은 이 반란 건을 처리하면서 실질적인 최고 권력자가 됐다. 1591년 한창 권력의 정점을 누리던 정철은 왕인 선조에게 세자를 정할 것을 건의했다. 이때 선조는 만 39세였다. 적자는 없었고 임해군, 광해군 등 서자만 있었다. 정철은 광해군을 세자로 세우자고 제안했다. 결과는 정철의 몰락이었다. 광해군을 세자로 세우자는 정철의 제안에 선조는 크게 화를 냈고, 정철은 먼 강계 땅으로 귀양을 갔다. 최고 권력자가 한순간에 죄인이 돼버린 것이다.

이는 세자를 정하자는 말 때문이었다. 세자를 정하는 건 왕이 죽었을 때를 대비하기 위함이다. 선조는 자기가 죽는 것을 가정하고 대비하자는 말에 불같이 화를 낸 것이다.

이 에피소드를 읽을 당시 나는 선조가 속이 좁다고 비판했다. 적자가 있다면 따로 세자를 정하지 않아도 누가 왕이 될지 사람들은 다 알 것이다. 하지만 적자가 없고 서자만 있는 상황. 누가 세자인지를 정해놓지 않으면 선조가 갑자기 죽었을 때 왕권 계승과 관련해 문제가 발생할 수 있다. 이런 일에 대비해 누가 왕이 될지 미리 정해놓는 건 왕조 사회에서 당연한 것 아닌가. 그런데 그걸 가지고 최고 권력자를 바로 귀양 보내버렸다.

역사책에서는 선조가 다른 왕자를 세자로 생각하고 있었는데 정철이 광해군을 추천해 문제가 됐다고 설명하기도 한다. 하지만 누구를 세자로 세우자고 했든 선조는 자기가 죽는 것을 가정하고 세자를 세우자는 정철의 말에 기분 나빠 하고 화를 낸 것이 사실이다. 왕조 사회에서 세자를 정하는 건 꼭 필요한 일인데, 그걸 이야기했다고 화를 내고 정승을 쫓아내는 선조가 더 문제라고 생각했다.

"네가 죽으면……"

그런데 최근에는 선조의 마음이 이해되기 시작했다. 사정은 이렇다.

"네가 죽으면……."

지난 한 달 사이 나는 이 말을 두 번 들었다. 몇 달 전에도 다른 사람에게서 이 말을 들은 적이 있다. 1년이 안 되는 사이 이 말을 세 번이나, 그것도 모두 다른 사람에게서 들었다. 내 나이 이제 50대 중반이다. 어디가 특별히 아프거나 큰 병에 걸린 것도 아니다. 세상은 100세 시대라고 떠들어대는데 나는 50대 중반에 다른 사람들에게서 "네가 죽으면……"이라는 말을 몇 번씩이나 듣고 있다. 기분이 참 안 좋다.

몇 달 사이 주변 사람들에게서 "네가 죽으면……"이라는 말을 몇 번 듣고 나니 이제 선조의 마음이 이해가 됐다. 50대 중반에 이런 얘기를 들어도 기분 나쁘다. 그런데 선조는 평균수명이 짧았던 시대라고는 해도 30대에 이 말을 들었다. 기분 나쁠 수밖에 없다.

"네가 죽으면……"이라는 말은 보통 사람들의 대화에서는 나올 수 없는 주제다. 선조는 세자를 둬야 하는 왕이기에 이런 말을 들었다. 그런데 나는 왜 이런 말을 계속 듣게 됐을까. 돈 때문이다. 한 명은 재무관리 일을 하는 친구였다. 내가 갑자기 죽으면 남겨진 유족들이 상속세, 재산 분배 등으로 큰 어려움을 겪게 되니 미리 대비해야 한다는 얘기였다. 그래서 물어봤다.

"너는 준비하고 있어?"
"나? 나는 그럴 필요가 없지. 가진 게 없잖아."

재산이 있으면 지금부터 사후를 준비해야 하고, 재산이 없으면 그런 걸 생각하지 않아도 된다? 돈 때문에 그런 차이가 발생해도 되나. 그게 바로 돈 중심의 사고방식 아닌가.

어쨌든 이 친구는 직업상 돈 있는 사람이 사망한 후 집안 분쟁이 발생하는 것을 많이 봐왔고, 나에게 이런저런 제안을 했다.

다른 한 사람은 가까운 친지다. 나에게 무슨 일이 발생했을 때 재산이 어떻게 될지 다양한 시나리오를 그려보고 있었다. 내가 집 한 채 가지고 있거나, 모두 주식으로만 가지고 있으면 어려울 게 없다. 그런데 내 투자처는 좀 다양하다 보니 굉장히 복잡하긴 하다. 나에게 갑자기 무슨 일이 생기면 어디에 뭐가 있는지 파악하기도 어렵다. 그런 상황을 걱정하는 것이었다.

큰돈은 생각에 영향을 미친다

둘 다 나에게 억하심정이 있어서 "네가 죽으면……"을 얘기한 건 아니다. 나에게 무슨 일이 생겼을 때 복잡해지는 나의 가족 상황을 고려해서 한 말이다. 하지만 듣는 나로서는 굉장히 불편하다. 50대 중반 나이에 주변 사람들이 "네가 죽으면……"을 말하고 생각한다는 게 기분 나쁘지 않겠나.

그런데 의문이 하나 든다. 나에게 말한 이 두 사람은 내 상속자가 아니다. 상속자가 아닌데도 '네가 죽으면……'이라는 시나리오를 생각한다. 그렇다면 내 상속자는 그런 생각을 안 할까. 당연히 나에게 직접적으로 말하지는 않는다. 겉으로 어떤 내색도 하지 않는다. 그러나 생각도 안 할까.

재벌가나 재산이 몇백억 이상 되는 집을 생각해보자. 이런 집의 가장이 죽으면 그 상속자들은 몇십억 원, 몇백억 원 재산이 생긴다. 그동안에도 자기 집 재산이기는 하다. 하지만 '집안' 재산과 '내' 재산은 엄연히 다르다. 아버지나 가족의 허락을 받아야 쓸 수 있는 돈과 내 맘대로 쓸 수 있는 돈에는 엄청난 차이가 있다. 가장이 살아 있을 때는 가장이 나눠 주는 돈, 허락한 돈만 쓸 수 있었다. 하지만 가장이 죽으면 내 맘대로 쓸 수 있는 돈이 몇십억 원 이상 생긴다. 가장의 죽음이 자신에게 그렇게 큰 영향을 미치는데, 평소에 '가장이 죽으면……'이라는 시나리오를 그려보지 않을까. 더 나아가 '빨리 죽었으면……'이라는 생각은 하지 않을까.

돈 때문에 부모에게 무슨 일이 생기기를 바라는 건 정말 인간으로서 할 짓이 아니다. 그런 생각을 할 리가 없다. 그런데 큰돈은 사람의 사고방식에 엄청나게 큰 영향을 미친다. 몇천만 원, 몇억 원 정도 돈이라면 그런 생각을 하지 않을 것이다. 하지만 몇십억 이상 돈이 걸려 있다면 얘기가 다르다. 이 정도면 정말 생활이 변한다. 자기 생활이 크게 변하는 일에 신경 쓰지 않을 수는 없다.

또 이건 일어날지, 일어나지 않을지 모르는 일이 아니다. 언제 발생하느냐의 문제일 뿐, 분명히 발생할 일이다. 미래에 대해 아무 생각 없이 사는 사람이라면 가장의 죽음을 그려보지 않을 수도 있다. 하지만 미래를 생각하고 대비하는 사람이라면 앞으로 분명히 발생할 일에 대해 아무 생각 없이 살아갈 리가 없다. 이성적이고 합리적인 사람일수록 앞으로 100% 발생할 일을 미리 생각해보고 대비하는 건 당연하다.

물론 대놓고 말할 수는 없다. 그러면 패륜아가 된다. 하지만 마음속으로는 생각하지 않을 수 없는 일이다. '아버지가 돌아가시면……' '어머니가 돌아가시면……' 하고 생각을 하게 되고, 그 일로 자신의 삶이 크게 나아질 경우 '그런 일이 빨리 일어났으면……'이라는 생각으로까지 나아가게 된다.

돈 많은 부자의 비극

상속으로 큰 재산을 물려받을 사람은 그런 생각을 할 수 있다. 문제는 본인, 당사자다. 그동안 고생하며 큰 재산을 만들었다. 자기의 행복과 가족의 평안을 위해 재산을 모았다. 그런데 사람들이 나의 죽음을 생각하고 또 바라기까지 한다. 더 큰 문제는 이런 생각을 가장 가까운 사람들이 한다는 점이다. 바로 가족이, 자식이 그런 생각을 한다. 이건 비극이다. 돈 때문에 자식이 내가 빨리 죽기를 바랄 수도 있다는 건 정말 상상조차 하기 싫다.

물론 자식이 어리면 그런 생각은 안 할 것이다. 10대는 분명 그런 상상을 안 할 테고, 20대에도 안 할 것이다. 하지만 30, 40대가 되면 좀 달라질 수 있다. 이때는 부자인 가장이 죽었을 때 자신에게 어떤 영향이 있는지 분명하게 알 테고, 그런 변화를 바라는 마음이 들 수 있다.

돈이 많은 부자가 됐을 때 나쁜 점은 무엇일까. 돈이 없을 때의 나쁜 점은 많이 얘기할 수 있지만, 돈이 많을 때의 나쁜 점은 그다지 없었다. 그런데 이제 아주 치명적인 나쁜 점을 알게 됐다. 부자의 주변 사람들, 특히 부자와 가까운 사람들이 부자가 죽는 것을 생각하고 시나리오를 그리는 경우가 많다는 점이다. 더 나아가 가족 중에서 마음속으로나마 부자 가장이 일찍 죽기를 바라는 사람이 나올 가능성이 크다.

재산 정리는 빨리 하는 게 나은 것 같다. 가장이 죽은 다음에도 큰 변화가 없어야 가장이 죽기를 바라는 사람이 없을 것이다. 가장이 죽었을 때 크게 횡재하는 이들이 있다면 죽기를 바라는 사람이 없을 수 없다. 나는 재산 정리를 빨리할 계획이다. 주위 사람들이 마음속으로 내가 빨리 죽기를 바란다는 건 정말 겪기 싫은 일이니까.

3장

부자의 심리

THE PSYCHOLOGY
of BIG MONEY

How Money Moves People

THE PSYCHOLOGY of BIG MONEY

01

부자는 이기적이고 비열할까, 더 관대할까?

《크리스마스 캐럴》의 스크루지 영감은 이기적이고 비열한 부자의 상징이다. 놀부도 자기 욕심만 채우는 비열한 부자를 대표한다. 보통 부자들은 이기적이고 자기 이익만 챙기며 다른 사람을 고려하지 않는다는 인식이 있다. 정말로 부자는 이기적이고 비열할까, 아니면 더 관대할까.

배려심이 적은 부자?

2012년 폴 피프Paul Piff 미국 UCI(캘리포니아대학교 어바인캠퍼스) 심리학 교수는 샌프란시스코의 한적한 도로에서 부자들과 보통 사람들 사이에 행동 차이가 있는지 관찰했다. 미국에서도 사람이 횡단보도를 건너고 있으면 서야 하는 것은 당연한 일이고, 건너기 전이라도 무조건 서야 한다. 연구진은 부자가 타는 차와 일반인이 타는 차 사이에 이런 횡단보도 앞 멈춤이 동일하게 수행되는지 살펴봤다. 보통 차들은 대부분 사람이 서 있는 횡단보도 앞에서 우선멈춤을 했다. 그런데 비싼 차들은 우선멈춤 비율이 절반밖에 되지 않았다. 절반은 횡단보도 앞에 사람이 서 있는데도 멈추지 않고 그냥 지나간 것이다. 일반인은 사회규칙을 잘 지키면서 길을 건너는 사람을 배려하지만, 부자는 사회규칙을 지키지 않는 경우가 많고 보행자를 제대로 배려하지 않는다. 돈이 많은 사람은 보통 사람보다 더 이기적이고 규칙을 지키지 않는 비열한 행동을 한다.

그런데 이 실험에는 문제가 있다. 피프 교수는 비싼 차를 타는 이는 부자, 일반 차를 타는 이는 부자가 아닌 사람으로 구분했다. 하지만 현대 사회에서는 비싼 차를 탄다고 무작정 부자라고 말하기는 곤란하다. 한국에서도 부자는 아니지만 벤츠나 BMW를 타고 다니는 사람이 많다. 페라리 등 고급 스포츠카를 타는 이들 중에는 자기 차가 아니라 렌트해 며칠간 몰고 다니는 사람도 적잖다. 이들은 중산층 정도는 된다고 말할 수 있어도 부자라고 단정할 수는 없다. 빚을 내 고급차를 몰고 다니는 사람은 이번 달 할부 값 등을 고민하며 운전할 수 있고, 그러다 보면 횡단보도 앞에서 멈추는 정신적 여유가 없을 수 있다. 또 잘사는 국가는 횡단보도 앞에서 차들이 잘 선다. 개발도상국에서는 차들이 횡단보도를 무시하는 경우가 훨씬 많다. 그래서 잘사는 사람들이 규칙을 더 안 지킨다는 명제는 인정되기 어렵다.

부자에 대해 연구하려면 겉으로 부자처럼 보이는 사람이 아니라 진짜 돈이 있는 부자를 대상으로 해야 한다. 2014년 얀 스미츠 Jan Smits 네덜란드 마스트리히트대 교수 연구팀은 은행에 100만 유로(약 14억 5,000만 원) 이상을 예치한 사람들을 섭외했다. 평소 은행에 현금으로 100만 유로를 예치하고 있다면 분명 부자라고 볼 수 있다. 이들을 섭외해 경제 실험으로 유명한 최후통첩 게임과 독재자 게임을 실시했다.

앞에서도 소개했지만, 최후통첩 게임은 실험 참가자 A, B 가운데 A에게 100달러를 준다. 그리고 A에게 이 돈 중 일부를 B에게 주라고 한다. A가 70달러는 자기가 갖고, 30달러를 B에게 줬다고 하자. 이때 B가 '오케이'를 하면 A는 70달러, B는 30달러를 가지고 집에 돌아갈 수 있다. 그런데 만약 B가 '노'를 하면 A, B는 모두 빈손으로 돌아가야 한다. A는 100달러를 모두 자기가 갖겠다고 할 수 있다. 그런데 이때 B는 노를 할 테고, 그럼 A와 B는 한 푼도 못 갖는다. A는 B가 '오케이' 할 수 있는 수준의 금액을 줘야 한다.

이 실험을 해보면 세부 조건에 따라 달라지기는 하지만 보통 A는 60~70달러를 자기가 갖고 B에게는 30~40달러를 준다. 만약 A가 80달러 이상을 갖겠다고 나서면 B가 거부해 둘 다 한 푼도 못

건지는 경우가 많다. 보통 사람은 자기가 60~70달러를 갖고 다른 사람에게 30~40달러를 준다.

부자들의 최후통첩 게임

그렇다면 부자는 어떨까. 부자는 보통 사람보다 더 가지려고 할까, 덜 가지려고 할까. 부자를 대상으로 한 실험에서 A는 부자들이었다. 그리고 B는 연봉 2,000만 원 정도인 저소득자들이었다. 연구팀은 미리 부자들에게 게임 상대자들이 연봉 2,000만 원의 저소득자라는 사실을 말해줬다. 실험 장소가 유럽이었기 때문에 실험에 사용된 금액은 100유로였다. 이때 부자들이 B에게 제시한 금액은 평균 64유로였다. 부자들은 자기는 36유로를 챙기고, 가난한 사람들에게 64유로를 주겠다고 했다.

최후통첩 게임에서 A는 대부분 자기가 더 많은 돈을 챙긴다. 가장 공정한 사람이라 해도 50 대 50으로 나눈다. 그런데 부자들은 자기가 덜 갖고, 상대방에게 더 많은 돈을 줬다. 부자가 보통 사람보다 훨씬 관대했다. 최소한 자기가 더 많이 챙기겠다고 악을 쓰지는 않았다.

독재자 게임도 시행했다. 최후통첩 게임은 A가 금액을 제시하면 B가 그 금액을 받아들이거나 거절할 권리가 있다. 그런데 독재자 게임은 A가 금액을 정하면 그냥 그대로 확정된다. B의 반응을 고려할 필요가 없다. 그래서 A는 최후통첩 게임보다 독재자 게임에서 자기 몫을 더 챙긴다. 최후통첩 게임에서 A가 60유로를 챙긴다면, 독재자 게임에서 A는 80유로를 챙긴다. 독재자 게임에서 사람들은 더 이기적이 된다. 그런데 부자들을 대상으로 한 이 실험에서는 결과가 다르게 나왔다. 부자들인 A는 평균적으로 30유로를 챙기고 가난한 B에게 70유로를 줬다. 100유로에서 자기가 더 많이 갖지 않고, 오히려 상대방에게 더 많은 돈을 준 것이다. 부자는 보통 사람보다 훨씬 관대했다. 덜 이기적이었고 상대방을 더 고려했다.

물론 이 실험 결과만으로 부자가 보통 사람보다 더 관대하고 덜 이기적이며 가난한 사람을 더 고려한다고 단정할 수는 없다. 최후통첩 게임이나 독재자 게임은 실험 설계에 한 가지 중대한 문제가 있기 때문이다. 연구진은 실험 참가자들이 어떤 결정을 하는지 지켜보고 있고, 실험 참가자들은 연구진이 자기를 보고 있다는 사실을 안다. 사람은 누구나 다른 이에게 관대한 사람, 이타적인 사람이라는 평가를 받고 싶어 한다. 그래서 다른 이들이 지켜보고 있을 때는 자신의 본성을 숨기고 좀 더 관대한 모습을 보인다.

실제로 최후통첩 게임이나 독재자 게임을 진행하면서 누가 어떤 결정을 했는지 알 수 없게 한 실험도 있다. 여러 팀을 대상으로 동시에 결정하게 하고 평균 금액을 지불하는 식이다. 따라서 어떤 A가 상대방 B에게 얼마를 주기로 했는지 특정할 수 없다. 누가 얼마를 주기로 했는지 알 수 없게 하면 A가 챙겨가는 금액은 크게 늘어난다. 이때 B는 거의 돈을 챙겨가지 못한다. 사람들이 관대한 모습을 보이는 건 자기 진심이 아니라 다른 이들이 지켜보고 있어서다. 이것이 최후통첩 게임에서 말하는 '평판 효과'다. 사람은 평판을 의식해 다른 이들에게 관대한 모습을 보인다.

평판을 의식하는 부자들

따라서 부자를 대상으로 한 최후통첩 게임, 독재자 게임에서도 그들은 자기 진심이 아니라 연구자, 그리고 실험 상대방을 의식해 일부러 관대한 모습을 보인 것일 수 있다. 보통 사람은 평판을 의식하더라도 일단 돈이 더 중요하기에 자기 이익부터 우선 챙기는 이기적인 결정을 하곤 한다. 하지만 부자의 경우는 다르다. 은행에 100만 유로 넘는 예치금이 있는 부자에게는 실험에 사용된 100유로가 그리 욕심을 부릴 만한 돈이 아니다. 그래서 100유로를 그냥 포기하고 인자하면서도 관대한 자기 모습을 연구진에게 보여주려 했을 수 있다. 그냥 가식적으로 상대방에게 더 많은 돈을 줬을 개연성이 있는 것이다.

그렇다고 이 실험 결과가 의미 없는 것은 아니다. 이 실험이 부자는 더 관대하고 덜 이기적이라는 것을 보여주지 않고 그들의 본심 또한 알 수 없지만, 최소한 다른 이들이 지켜보고 있을 때 보통 사람보다 더 관대하게 행동한다는 것, 보통 사람보다 다른 이에게 돈을 더 주려는 경향이 있다는 건 분명히 보여준다.

실험을 통해 우리는 부자가 보통 사람보다 더 이기적인지, 비열한지 그 본심을 알 수는 없다. 하지만 많은 이가 지켜볼 때 최소한 부자가 보통 사람보다 더 이기적인 행동을 하지는 않는다는 점, 이 연구에서 그 정도는 말할 수 있을 것이다.

How Money Moves People

02

부자가 되면 본성이 쉽게 나온다

돈과 관련한 연구들을 보면 "돈이 사람을 이기적으로 만들고 다른 이들을 배려하지 않는 사람으로 만든다"는 결과가 많다. 즉 돈이 사람을 '싸가지' 없게 만든다는 것이다.

2012년 폴 피프 미국 UCI 교수 연구진은 '자기 형편이 좋다고 생각하는 사람일수록 더 이기적으로 행동한다'는 연구 결과를 발표했다.

실험 내용은 이랬다. 실험자를 둘로 나눠 한쪽에는 가난한 계층에 속한다는 이미지를, 다른 한쪽에는 형편이 좋은 계층에 속한다는 이미지를 심어줬다. 이후 이들에게 사탕통을 주고 원하는 만큼 사탕을 가져가게 했다. 단, 남은 사탕은 다른 이들에게 나눠 줄 것이라고 이야기했다. 이때 형편이 좋은 계층에 속하는 사람들이 더 많은 사탕을 가져갔다. 잘사는 사람들이 더 이기적이고 다른 이를 배려하지 않는다는 것을 보여주는 실험이었다.

친절한 부자들의 공통점

앞선 연구가 아니더라도 사람들 사이에는 '부자가 더 이기적이고 다른 이들을 막 대한다'는 인식이 팽배하다. 그런데 이에 대한 반론도 꽤 있다. 부자가 오히려 더 친절하고 다른 이들을 배려한다는 것이다. '있는 자의 여유'라고 비꼬듯이 표현하는 경우도 있지만 어쨌든 부자를 직접 만나보면 '예상과 달리 좋은 사람'이라고 말하는 이도 많다.

개인적으로 지금까지 내가 겪은 부자들은 어땠을까. 싸가지가 없었을까, 친절하고 성격이 좋았을까. 2가지 유형이 공존한다. 싸가지 없는 부자도 있고, 사람 좋은 부자도 있다. 내가 보기에 이건 부자가 되는 과정과 연관성이 있다. 부자가 되는 과정에서 타인의 도움이 필요했던 사람은 대부분 성격이 좋았다. 반면 부자가 되는 과정에서 타인의 도움이 필요하지 않았던 사람은 달랐다. 좋은 사람도 있었지만 이상한 사람, 괴팍하고 성질을 부리는 사람도 적잖았다. 어떻게 부자가 됐느냐에 따라 달랐던 것이다.

보통 어떤 사람이 부자가 될까. 사업에 성공한 사람, 환자가 많이 찾는 의사, 의뢰인이 많은 변호사나 세무사 등 전문 직종인, 기업에서 임원을 오래 한 사람, 손님이 많은 음식점 사장, 뛰어난 영업사원 등이 일반적으로 부자가 된다. 그런데 이 방법으로 부자가 되려면 한 가지가 공통적으로 필요하다. 많은 이에게 좋은 사람으로 인정받아야 한다는 것이다. 실력도 중요하지만 타인에게 친절하고 배려하는 모습을 보이는 것이 더 중요하다. 아무리 맛이 있어도 서비스가 형편없는 식당은 손님들이 더는 찾지 않는다. 처음에는 실력 있는 변호사를 찾아가도 변호사가 거만하고 불친절하면 다음부터 찾지 않는다. 실력이 있으면서도 사정을 고려해주고 말이 잘 통하는 변호사를 찾게 마련이다.

기업에서 임원까지 오르려면 상사와 동료들로부터 미움받는 사람이 돼서는 안 된다. 실력이 있어도 성질을 부려대면 임원까지 올라가지 못한다. 설령 임원이 된다 해도 그 자리를 오래 유지하지 못한다. 임원을 1~2년 해서는 부자가 되기 어렵다. 더 오랜 기간 임원을 해야 하는데, 이들은 부하들과는 몰라도 최소한 상사, 동료와는 원만한 인간관계를 유지한다.

영업직은 말할 것도 없다. 이들은 처음 보는 사람과도 잘 이야기하고 어울릴 수 있어야 한다. 좋은 사람이라는 이미지를 남겨야 하고, 오래 만나도 믿을 만한 사람이라는 인상을 심어줘야 계약을 할 수 있다. 성격이 이상하고 자기 맘대로 하는 사람이라는 느낌을 주면 절대 계약을 따내지 못한다. 의사는 실력이 중요하다고는 하지만 어느 정도 인간관계가 좋아야 대학병원에 남고 승진도 한다. 실력과 인간성이 모두 좋아야 지위가 올라가는 것이지, 실력만

좋고 인간성을 의심받으면 부자가 될 정도로 높은 보수를 받는 직위까지 올라갈 수 없다.

즉 이런 일들을 통해서 부자가 되려면 타인과 잘 지내야 한다. 고객, 손님이 많아서 부자가 된 사람, 조직에서 높은 지위에 올라 부자가 된 사람은 인간성이 좋다. 만나서 대화해보면 괜찮은 사람이라는 인상을 준다. 부자가 좋은 사람이라는 말은 이런 부류의 부자에게 맞는 표현이다.

주변 평가가 중요치 않은 부자들

한편 다른 부류의 부자도 있다. 부자가 되는 과정에서 다른 사람의 도움이 필요 없었던 이들이다. 예를 들어 주식이나 채권 등으로 부자가 된 사람은 그 과정에서 타인과 부딪칠 필요가 없다. 펀드매니저처럼 다른 사람의 돈을 끌어들여서 투자하는 이들은 주변 사람과의 관계가 중요하다. 하지만 자기 돈으로 투자하는 사람은 타인과의 관계가 자기 수익에 직결되지 않는다. 경매도 주변 사람들한테 잘 보여야 할 필요가 없다. 예술로 성공한 경우도 작품 완성도가 중요하지 일반 사람과의 관계는 중요하지 않다. 대중예술을 하는 이들은 대중의 환호가 중요하니 좋은 이미지가 필요하다. 하지만 순수예술 쪽은 인간관계보다 작품의 질이 성공하는 데더 중요한 요소다.

다른 사람과의 관계와 상관없이 가족이 부자라서 부자가 된 사람들도 있다. 재벌가 혹은 사업가 2, 3세가 대표적이다. 이들도 좋은 사람이라는 평가를 받을 필요가 전혀 없다. 가족에게만 밉보이지 않는다면 재산을 물려받아 부자로 살 수 있다.

　부자가 되는 데 타인의 도움이 별로 필요하지 않은 경우 다른 사람들과 잘 지낼 필요가 없다. 설령 처음에는 주변인의 도움이 필요했다 하더라도 사업이 크게 성공한 후 다른 사람에게 더 이상 의존하지 않아도 되는 경우 주변의 평가가 부자가 되는 데 영향을 미치지 않는다. 그러다 보니 마음대로 행동한다. 쉽게 다른 이들을 무시하고, 모욕하기도 한다.

　보통 사람이 그런 식으로 행동하면 직장이나 업무에서 불이익을 받는다. 동업자를 잃거나 고객이 떨어져 나가 손해를 볼 수도 있다. 하지만 앞선 유형으로 부자가 된 사람은 주변인들과 멀어져도 피해가 없다. 누가 자기를 나쁘게 평가해도 상관없다 보니 마음 내키는 대로 행동한다. 이런 유형의 부자를 대하면 "역시 부자는 싸가지가 없구나"라는 말이 나오게 된다.

　물론 이런 유형의 부자라고 해서 다 싸가지가 없는 것은 아니다. 다른 이들과의 관계가 중요하지 않은 부자라고 해서 모두 마음대로 말하고 행동하지는 않는다. 이때는 자기 본성을 따라간다. 원래 다른 이들에게 친절한 성격의 사람이 있고 다른 이들을 무시하는 성격의 사람이 있다. 타인에게 친절한 부자는 그냥 계속 친절하다. 하지만 무시하는 부자는 자기 성격을 숨기려 하지 않고 그대로 드러낸다.

보통 사람은 화가 나도 속으로 참고 삭인다. 겉으로는 웃거나 평온한 표정을 짓는다. 그런데 타인과의 관계가 중요하지 않은 부자는 그럴 필요가 없다. 기분 나쁘면 그냥 기분 나쁜 대로 말하고 행동한다. 자기 기준에서는 속마음을 숨기지 않고 솔직하게 행동하는 것이다. 하지만 일반 기준으로는 싸가지가 없는 것이다.

결국에는 본성의 문제

이런 점에서 타인과의 관계가 중요한 부자라고 해서 모두 좋은 사람인 것은 아니라고 생각한다. 이들은 현재의 부를 늘리고 유지하는 데 다른 사람들의 인정이 필요하다. 오랫동안 그렇게 살아왔으니 친절한 모습이 몸에 배어 있다. 그런데 이들이 은퇴해 더는 다른 사람과의 관계가 중요하지 않게 된다면 어떨까. 그때도 지금의 친절하고 사람 좋은 모습이 계속될까. 그때가 되면 숨겨진 본성이 드러나지 않을까. 성격이 좋지 않지만 겉으로 웃는 모습을 보이던 부자는 이제 사람 좋은 부자에서 싸가지 없는 부자로 바뀔 것이다.

개인적으로 "부자는 싸가지가 없는 경우가 많다"는 말에 동의한다. 하지만 원래 좋은 사람이 부자가 된 이후 싸가지가 없어지는 것이 아니다. 원래 싸가지가 없는 사람이 그동안 참고 살아오다가 부자가 된 이후 타인의 눈치를 보지 않아도 되니 싸가지 없는 행동을 하는 것이다. 본인의 본성을 숨기고 착한 모습을 계속 주변에 보여주는 것이 좋을지, 싸가지 없다는 평가를 받더라도 본성대로 행동하는 것이 더 나을지 잘 모르겠다. 어쨌든 부자가 되면 본성이 더 잘 드러난다는 것은 맞는 듯하다.

How Money Moves People

03

나의 부는 운, 너의 부는 실력

큰돈을 버는 건 운일까, 실력일까. 오랫동안 큰돈을 벌고자 열심히 노력했는데도 부자가 되지 못하는 사람이 있다. 이에 반해 별 노력을 하지 않았는데 큰 부자가 되는 사람도 있다. 로또에 당첨되거나 부잣집에서 태어난 경우는 분명히 운이다. 그런데 이 세상에는 로또 당첨자, 재산 상속자 외에도 부자가 많다. 이런 경우는 운일까, 실력일까.

큰 부자가 되려면 실력보다 운이 중요하다는 사례로 자주 제시되는 인물이 빌 게이츠다. 빌 게이츠는 마이크로소프트 창립자이자 대주주로서 거의 30년 가까이 세계 갑부 명단 상위에 이름을 올리고 있다. 2023년 〈포브스Forbes〉 기준으로 세계 6위 부자다. 빌 게이츠는 고등학생 때부터 컴퓨터 신동으로 이름을 알렸고, 하버드대에 들어간 수재다. 또한 19세 때 마이크로소프트를 설립하는 등 사업적 재능도 남달랐다.

빌 게이츠의 성공은 운일까, 실력일까

그런데 이런 실력만으로 빌 게이츠의 성공을 다 설명할 수 있을까. 빌 게이츠가 컴퓨터 실력을 쌓을 수 있었던 건 그가 다니던 레이크사이드 중고교에 컴퓨터가 있었기 때문이다. 당시에는 컴퓨터가 상당히 비싸고 귀한 물건이었다. 대학에도 컴퓨터가 없을 때 중고교에 컴퓨터가 있다는 건 굉장히 희귀한 일이었다. 이는 그 학교가 유명한 사립학교였기에 가능했다. 빌 게이츠는 이 학교에서 13세부터 컴퓨터 프로그램을 배웠다. 그가 어려서부터 컴퓨터 전문가로 이름을 알린 건 어찌 보면 당연한 일이었던 셈이다. 빌 게이츠가 컴퓨터 전문가가 된 건 컴퓨터가 있는 레이크사이드 학교에 다녔기 때문이고, 또 이 유명 사립학교에 다닐 수 있었던 건 부모가 부자였기 때문이다. 이런 운이 없었다면 19세 나이에 마이크로소프트를 설립할 수 없었을 것이다. 빌 게이츠의 성공에는 운이 크나큰 역할을 했다.

그러나 이것만으로 빌 게이츠가 부자가 됐다고 설명하기엔 한계가 있다. 그가 레이크사이드 중고교에 다녀서 컴퓨터 천재가 된 건 맞다. 그런데 당시 레이크사이드 중고교에는 학생이 빌 게이츠만 있었던 게 아니다. 학생 300여 명이 재학 중이었고, 이들 모두 당시 첨단기기였던 컴퓨터를 맘대로 사용할 수 있었다. 그런데 그 가운데 컴퓨터로 세계적 갑부가 된 사람은 빌 게이츠와 폴 앨런 2명뿐이다. 같은 운을 가졌던 300명 중 2명이면 확률이 0.67%다. 같은 환경에서 부자가 된 사람이 0.67%뿐이라면, 환경이 부자가 되는데 결정적 원인이었다고 하기는 어렵다. 운적인 요소 외에 다른 뭔가 개인적 원인도 분명 존재하는 것이다.

강남 부자, 주식 부자는 운일까, 실력일까

서울 강남에는 부자가 많다. 그런데 강남 부자 중에도 운이 좋아서 부자가 된 사람이 있고, 아닌 사람이 있다. 1990년대 이전에는 강남 집값이 다른 지역보다 특별히 비싸지 않았다. 어디에 집을 살까 생각하다 강남에 자리 잡았고 그 후 계속 살아왔다면, 현재 몇십억 부동산을 가진 자산가가 돼 있을 것이다. 당시 허름한 강남 아파트를 샀던 사람은 재건축이 되면서 큰 부자 소리를 듣고 있다. 특별히 재테크를 한 게 아니다. 부자가 되려고 따로 노력한 것도 아니고, 그냥 강남에 들어가 오래 살았을 뿐이다. 이건 운이라고 봐야 한다. 큰 부자가 되겠다는 생각 없이 강남에 집을 산 것이고, 그동안 집을 팔아야만 하는 큰 사정이 없었던 덕분이다.

또 다른 유형도 있다. 강남에 집을 사려고 이런저런 방법으로

돈을 벌고 그 돈으로 강남 아파트를 산 경우다. 강남에 들어가고
자 노력했고, 결과가 좋아 강남에 거주하게 된 사람들이다. 이런
경우는 운 덕분에 강남에 살게 됐다고 말하기 어렵다. 운 외에 다
른 요소, 개인의 실력이 차지하는 부분이 크다.

주식 투자도 마찬가지다. 운으로 큰돈을 번 사람이 있고, 실
력으로 번 사람이 있다. 1970~1980년대 1,000만 원으로 삼성전
자 주식을 사서 그냥 묻어두었더니 몇십억, 몇백억이 됐다는 사람
들이 있다. 이건 운이다. 삼성전자 외에 다른 주식을 샀으면 그런
수익을 얻지 못했다. 설령 삼성전자의 대성공을 예측했다 해도 평
소 주식 투자를 하는 사람은 몇십 년 동안 그냥 묻어두기가 힘들
다. 그 기간 주식을 그냥 묻어두는 건 투자에 별 관심이 없고, 그
돈이 있으나 없으나 별로 상관없는 사람만 가능하다. 평소 완전히
잊고 지내다가 20년이 지나 계좌를 확인해보니 대박이 난 경우인
데, 이건 투자 실력이라고 볼 수 없다. 운이 좋았을 뿐이다.

어떤 주식을 살지 고민하고, 그것을 사고팔면서 큰돈을 버는
사람이 있다. 이런 경우는 단순히 운이라고 보기 어렵다. 운만이
라면 50%는 돈을 벌고 50%는 돈을 잃어야 한다. 큰돈을 버는 건
운만으로는 곤란하다. 또 주식 속성상 몇백% 이익을 얻을 수는
있다. 하지만 주식 수익률이 좋다는 것과 주식으로 큰돈을 벌어
부자가 되는 건 다른 이야기다. 운이 좋아 주식으로 몇 배를 벌 수
는 있지만, 주식으로 부자가 되려면 그것만으로는 안 된다. 실제
실력이라 할 수 있는 요소가 존재해야 한다.

주식 거래를 잘 하지 않고 그냥 사두는 장기투자라고 해서 실력이 필요 없는 건 아니다. 장기투자는 주식을 사고 10년 후 계좌를 열어보는 투자가 아니다. 큰돈을 들여 하는 투자는 그런 식으로 되지 않는다. 장기투자를 하는 사람은 이걸 계속 보유하고 있을지 여부를 끊임없이 고민한다. 고민은 하지만 팔지 않고 계속 보유하기로 결정했기에 결과적으로 장기투자가 되는 것뿐이다. 이런 식의 장기투자에서 성공하는 건 운이 아니다. 운 이외 다른 요소가 필요하다.

사업으로 큰돈을 버는 건 부동산이나 주식과는 좀 다르다. 사업으로 돈을 버는 건 운보다 실력이 더 많이 작용한다. 사업은 부동산, 주식보다 훨씬 더 고려할 게 많고 변수도 다양하다. 그중 몇몇 요소에서 운이 좋다고 큰돈이 벌리지는 않는다. 물론 운이 좋아야 큰돈을 벌 수 있기는 하다. 하지만 수많은 요소를 평소에 제대로 관리해야 한다는 점에서 볼 때 운보다는 사업 능력이 더 중요한 것 같다.

'실력인지 운인지' 구분법

실력인지 운인지 구분하는 방법 중 하나는 지속성이다. 큰돈을 버는 일이 어쩌다 한 번 발생하느냐, 아니면 지속적으로 발생하느냐의 차이다. 평소 50점 받던 학생이 어쩌다 90점을 받아왔으면 그건 운이다. 이 90점이 운이 아니라 실력으로 인정받으려면 다음 시험에서도 90점대를 맞아야 한다. 그렇지 않으면 90점은 분명 운일 뿐이다. 계속해서 90점을 받을 때 비로소 실력이다.

시험은 짧은 간격으로 계속 이어진다. 그래서 실력인지 운인지 구분하기가 쉽다. 하지만 돈을 버는 건 긴 시간이 필요한 게임이다. 그래서 큰돈을 번 경우 그게 실력인지 운인지 구분하기가 쉽지 않다.

실력과 운을 구분하는 두 번째 방법은 재연성이다. 부자가 돈이 없는 상태가 돼 모든 걸 다시 시작해야 한다고 할 때 또다시 부자가 될 수 있을까. 실력이라면 부자에서 탈락해도 다시 부자가 될 수 있다. 하지만 운으로 부자가 된 사람은 다시 부자가 되기 어렵다. 현재 부자 중에서도 처음부터 시작해 다시 부자가 될 수 있다는 자신감을 가진 사람은 그리 많지 않다. 전문직에 종사해 부자가 된 사람은 대부분 그런 자신감을 가지지만, 투자로 부자가 된 사람 중에서는 그 비율이 낮을 것이다. 이런 측면에서 볼 때 투자는 다른 분야에 비해 운이 더 중요하다는 말이 맞는 것 같다.

다른 사람의 부는 실력

그런데 사실 여부와 상관없이 사고방식 측면에서는 자신의 부가 실력이 아니라 운 때문이라고 보는 편이 더 낫다. 자기 실력 덕분이라고 생각하면 자만하게 되고, 자만하면 재산이 빠져나가기 쉽다. 운이라고 생각해야 겸손해지고 재산을 유지하기가 용이하다. 그리고 부자가 되길 원한다면 다른 사람의 부는 운이 아니라 실력이라고 생각하는 편이 낫다. 다른 사람의 부가 운이라고 생각하면 그로부터 배울 게 없다. 실력이라고 생각해야 뭔가 하나라도 건질 수 있다. 자신의 부는 운이고 다른 사람의 부는 실력이다. 이것이 부와 관련된 가장 좋은 사고방식이 아닐까 싶다.

How Money Moves People

THE PSYCHOLOGY of BIG MONEY

<u>04</u>

가난할수록 아이를 부자 학교로 보내라
– 더 높은 기준의 힘 ①

라지 체티Raj Chetty 미국 하버드대 교수 연구팀은 지난 2022년 사
회적 계층 이동에 영향을 미치는 사회적 자본이 무엇인지에 관한
연구 결과를 발표했다.

중요한 사회적 자본으로 인정되는 요소에는 사회경제적 상태
(얼마나 잘살고 못사는지 여부), 사회적 응집성(주변 사람들과 얼마나
강력히 연결돼 있는지 여부), 사회적 참여도(자원봉사 등 사회적 활동
에 참여하는 정도) 등이 있다. 이런 요소들은 사회적 위치를 이동시
키는 데 얼마나 큰 영향을 미칠까. 라지 체티 연구팀은 미국 페이
스북의 친구·지인 등 관계에 관한 210억 개 자료를 기반으로 이런
요소들이 장기적으로 사회적 계층 이동에 어떤 영향을 미치는지
분석했다.

부자 학교를 다닌 가난한 집 아이들

그 결과 사회적 상태가 낮은 사람이 좀 더 높은 사회적 상태로 이동하는 데 큰 영향을 미치는 한 가지 요소를 발견했다. 학창 시절을 함께 보낸 친구들이 어떤 사회경제적 상태에 있었는지가 중요했다. 사회경제적 상태가 낮은 학생들이 사회경제적 상태가 높은 학생들과 함께 학창 시절을 보낸 경우 성인이 됐을 때 소득이 증가한 것이다.

쉽게 말해 부잣집 아이들과 함께 학교를 다닌 가난한 집 아이는 나중에 가난에서 벗어날 가능성이 컸다. 평균 수입이 적은 가난한 집 아이가 성인이 된 후 평균보다 20% 많은 소득을 올린 것이다. 평균보다 20% 많은 소득은 단순히 돈을 더 많이 번다는 의미가 아니다. 같은 시간 일하면서 20% 더 많은 임금을 받으려면 단순 업무가 아니라 부가가치가 높은 업무여야 한다. 시간당 임금을 받는 업무가 아니라 기술적 업무, 관리적 업무를 수행한다는 뜻이다. 저소득층에서 중산층 이상으로 사회적 계층 이동이 발생한 것이다.

미국도 학군에 따라 학교가 정해진다. 학군에 따라 부잣집 아이와 가난한 집 아이가 같은 학교에 다닐 수 있다. 이 경우 가난한 집 아이들이 성인이 된 후 보통 사람보다 더 잘살았다. 사회적 계층 이동을 결정하는 여러 요소 가운데 이것이 압도적으로 영향을 미치는 것으로 나타났다. 잘사는 아이들과 함께 학교를 다니면 나중에 잘살 확률이 높아지는 것이다.

그렇다면 가난한 아이들이 잘살게 된 이유가 무엇일까. 잘사는 친구들로부터 돈에 대한 개념을 배워서 그런 것은 아니다. 부잣집 아이라도 돈에 대해 뭘 얼마나 알겠나. 부모가 부자지 아이가 부자는 아니다. 부잣집 아이가 가난한 집 아이에게 돈에 대해 가르칠 수 있는 것은 거의 없다. 성인이라면 모를까, 최소한 학창 시절에 가르치고 배우고 할 수 있는 사항이 아니다. 잘사는 친구로부터 정보를 얻거나 일자리를 소개받아서 잘살게 된 것이라고도 생각할 수 있다. 이런 건 정말 친하고 신뢰가 있는 사이에서만 가능하다. 하지만 같은 학교를 다녔다 해도 부잣집 아이와 가난한 집 아이가 얼마나 친하게 지냈을까. 같은 학교라고 모두 친하게 지내는 것은 아니다. 학생들 사이에 보이지 않는 벽이 있고, 자기 부류들끼리만 친하게 지낸다. 같은 학교라고 해서 부잣집 아이와 가난한 집 아이가 막역한 사이가 되는 것은 쉬운 일이 아니다.

왜 '부자가 많은 학교'인가

일부 아이들은 빈부격차에도 친하게 지내곤 한다. 하지만 그런 이유로 가난한 집 아이가 나중에 잘살게 됐다면 '부잣집 친구와 잘 지내는 것'이 중요한 요소이지, '같은 학교에 다니는 것'이 중요하지는 않을 것이다. 연구 결과는 '부잣집 친구와 잘 지내는 것'이 아니라 '같은 학교에 다니는 것'이 중요하다고 강조한다.

부잣집 아이의 존재 자체가 중요한 것도 아니었다. 그 존재가 중요하다면 '가난한 집 아이가 다수고 부잣집 아이가 소수'인 경우에도 가난한 집 아이들이 나중에 경제 상황이 좋아져야 한다. 하지만 그렇지 않았다. 가난한 집 아이가 나중에 좋아진 것은 '가난한 집 아이가 소수고 부잣집 아이가 다수'인 경우뿐이었다. 부잣집 아이가 소수인 경우에는 별 영향이 없었다. 옆에 부자가 있다고 해서 부자에게서 배우고 그를 따라가는 건 아닌 것이다. 부자 부모가 멘토로서 가난한 집 아이들에게 영향을 미친 것도 아니다. 아이들이 자기 부모도 아니고 친구 부모로부터 무슨 영향을 얼마나 많이 받겠나. 몇 명은 그런 영향을 받았을 수도 있다. 하지만 전체적으로 가난한 집 아이들의 평균 수입이 올라갈 정도로 영향을 미쳤다고는 볼 수 없다.

이 연구는 결과만 제시할 뿐 그 원인이 무엇인지 자세히 이야기하지 않는다. 단, 해당 연구에서 한 가지 중요한 원인을 추론할 수 있다. 가난한 집 아이는 부잣집 아이가 많은 학교를 다니면서 기준이 높아졌을 것이다. 의자·책상, 도서관, 과학실 등 설비는 물론, 급식에 나오는 음식과 관련해서도 어느 수준 이상의 기준을 가지게 된다. 자기 집과 이웃, 동네 환경이 부족하다는 사실을 인지하고, 졸업 후에도 그동안 다녔던 학교와 비슷한 환경에서 살기를 원하게 될 것이다.

가난한 환경에서만 살아가는 경우 자기 상황이 경제적으로 풍족한 것은 아니라는 사실을 잘 인지하지 못한다. 이웃도 모두 비슷하게 사니 자기 환경에 대해 별다른 문제 제기를 하지 않는다. 원래 그런 것이고, 자기도 충분히 잘살고 있다고 본다. 그래서 자신의 삶을 불만 없이 계속 유지하고, 좀 더 잘살기 위해 특별한 노력을 기울이지 않는다.

월 230만 원을 버는 청년이 있다. 그는 회사에서 잘릴 걱정이 없고 할 일도 별로 많지 않다 보니, 자기 삶과 수입에 불만이 없다. 친구들보다 나으면 나았지 못하지 않은 생활이라고 생각하며 만족하고 있어 현 수준이 계속 유지되기만을 바란다. 또 다른 사람은 연봉이 5,000만 원이다. 그는 자신이 충분히 많이 벌고 있고 성공한 삶이라고 생각한다. 자신의 업무 분야에서 평균 임금보다 훨씬 많이 받고 있어 성공한 사람이라는 대우도 받는다. 객관적 기준으로 볼 때 중산층이긴 해도 잘산다고 보긴 어렵지만, 그는 자신이 충분히 잘살고 있다고, 성공했다고 생각한다. 자신의 주변 환경에 성공과 잘사는 것의 기준을 맞춘 결과다.

이들도 TV나 인터넷 등에서 부자, 성공한 사람들에 대한 이야기를 듣기는 한다. 하지만 그것은 자신과 상관없는 다른 세상 이야기다. 자신이 몸담은 환경에서의 기준이 중요하며, 자기는 그 기준에 맞춰 충분히 잘살고 있다고 믿기 때문이다.

부잣집 아이들이 많은 학교에 다니는 가난한 집 아이들은 거기에 맞는 기준이 만들어질 것이다. 먹고 입는 것, 일에 대한 것도 학교 기준에 맞춰간다. 그럼 기준에 맞는 소득을 원하게 되고, 그

소득을 올릴 수 있는 방법을 찾는다. 사람은 자신이 받아들일 수 있는 수준에 가까워질 정도까지는 노력하는 법이다. 기준이 높으면 그만큼 더 뭔가를 하게 마련이다.

높은 기준의 힘

결국 중요한 점은 높은 기준을 가지는 것이다. 자기가 좋다고 생각하는 기준, 이 정도는 돼야 한다고 생각하는 기준의 높이가 자신의 수준을 결정한다. 보통 사람은 자신이 사는 환경과 주변 사람들에 맞춰 그런 기준을 가진다. 부잣집 아이들이 많은 학교에 다니는 가난한 집 아이는 자연스레 높은 기준에 적응되고, 그 기준에 맞춰 살다 보니 가난에서 벗어난다. 부잣집 아이가 있기는 하지만 가난한 집 아이가 더 많은 학교에서는 사회적 계층 이동 효과가 없었다는 사실이 이해된다. 가난한 집 학생이 더 많으면 학교 기준은 가난한 환경에 맞춰지기 때문이다. 설령 같은 반에 부잣집 아이가 있다 해도 별 영향을 미치지 않는다. 부잣집 아이가 많은 학교여야 그 기준이 부자 수준으로 높아진다. 단순히 부잣집 아이와 가난한 집 아이를 같은 교실에 넣는다고 좋아지는 것이 아니라는 뜻이다.

높은 기준에 많이 노출된 가난한 집 아이는 나중에 잘살게 된다. 본 사례의 학교 배정 같은 것은 우리가 마음대로 조정할 수 있는 것은 아니다. 하지만 생활의 모든 면에서 높은 기준을 가지려는 노력은 누구나 할 수 있다. 우리가 보다 나은 삶을 살고자 할 때 먼저 할 것은 자신의 생활환경보다 더 높은 기준을 알고 익히고, 또 마음속 깊이 받아들이는 일이다.

How Money Moves People

05

보통의 월급쟁이로는
절대 부자가 될 수 없는 이유

사람은 평소보다 돈을 많이 벌면 일을 더 하려 할까, 아니면 더는 일하지 않고 쉬려 할까. 직원들이 돈을 많이 받았을 때 일을 더 하려 한다면 회사는 직원들에게 월급을 많이 주고 보너스도 덤으로 줄 수 있다. 하지만 돈을 많이 받았을 때 더는 일하려 하지 않는다면 회사 입장에서는 직원들에게 월급을 어느 정도 수준까지만 지급해야지 많이 줘선 오히려 곤란해진다.

도올 김용옥 선생이 강의에서 소개한 에피소드가 하나 있다. 중국 관광지를 둘러보는데 전통악기를 연주하는 악사들이 있었다. 길거리에서 악기를 연주하고 관광객으로부터 돈을 받는 이들이었다. 음악이 굉장히 좋았던지 도올 선생 일행이 악사들에게 100위안을 줬다. 100위안은 현 시세로는 1만 8,000원 정도 되지만, 이 에피소드는 10년도 더 된 일이고 당시 100위안은 중국에서 굉장히 큰돈이었다. 악사들이 하루 온종일 거리에서 연주해도 벌 수 없는 금액이었다. 도올 선생 일행이 관광을 끝내고 그 자리에 다시 와보니 악사들이 없었다. 큰돈을 받은 후 그날 연주를 끝내고 술을 마시러 간 것이었다. 도올 선생 일행은 연주가 좋아서 돈을 줬는데, 돈을 받은 악사들은 더는 연주를 하지 않았다. 도올 선생은 업무 대가로 적당한 돈을 줘야지 큰돈을 줘서는 곤란하다는 취지로 이 에피소드를 소개했다.

노련한 뉴욕 택시기사들의 영업 비밀

2017년 노벨경제학상을 수상한 리처드 세일러Richard H. Thaler 미국 시카고대 경제학 석좌교수는 뉴욕 택시기사들의 소득과 근무 방식에 관한 연구를 수행한 바 있다. 뉴욕 택시기사의 수입은 비가 오는지 여부, 시내에 행사가 있는지 여부 등에 따라 좋은 날도 있고 그렇지 못한 날도 있다. 그럼 수입이 좋은 날 택시기사들은 더 오래 일할까, 아니면 그날 벌어야 할 돈을 일찌감치 벌었으니 빨리 퇴근하려 할까.

수입이 좋은 날에는 평소보다 더 오래 일하면 많은 돈을 벌 수 있다. 그래서 수입이 좋은 날 더 오래 일할 것으로 생각되지만, 택시기사 중에는 그날 목표한 금액을 벌면 바로 일을 끝내는 사람들도 있다. 수입이 좋은 날은 하루 벌어야 할 돈이 일찍 채워지기에 다른 때보다 일찍 퇴근해 쉬거나 논다. 앞에서 본 중국 악사들처럼 일을 일찍 끝내는 것이다. 이처럼 수입이 많아지면 일하는 시간이 줄어든다.

세일러 교수 연구팀은 이 패턴이 노련한 택시기사인가 아닌가에 따라 달라진다는 점을 발견했다. 노련한 택시기사는 수입이 좋은 날에 더 오래 근무했고, 많은 돈을 벌었다. 이에 비해 일반 택시기사는 수입이 좋은 날 더 일찍 근무를 끝냈다. 그래서 수입이 좋은 날에 버는 돈이나 다른 날에 버는 돈이 별 차이가 없었다.

노련한 택시기사들이 더 많은 돈을 벌기는 했지만 근무 시간은 길었다. 일반 택시기사들은 돈을 적게 벌기는 했어도 근무 시간이 짧았으니 결과적으로 비슷한 것 아닐까. 그런데 그게 그렇지 않았다. 일반 택시기사는 수입이 좋은 날에는 일찍 근무를 끝내지만, 수입이 안 좋은 날에는 평소보다 더 오랫동안 근무한다. 그날 수입 할당량을 채워야 하기에 수입이 안 좋은 날에는 더 오랜 시간 일하는 것이다. 반면 노련한 택시기사는 수입이 좋은 날에는 평소보다 더 오래 근무하지만, 수입이 안 좋은 날에는 일찍 일을 끝낸다. 하루 할당량을 채우려고 억지로 일하지 않는다. 노련한 택시기사는 수입이 좋은 날에는 더 오래 일해서 많이 벌고, 수입이 적은 날에는 집에 일찍 들어간다.

하루를 단위로 하면 누가 더 유리한지 알기 어렵다. 하지만 장기적으로 근무시간과 수입을 비교하면 어느 쪽이 더 나은지 알 수 있다. 한 달을 기준으로 보면 노련한 택시기사는 일반 택시기사보다 5% 더 벌었다. 노련한 택시기사는 더 오래 일해서 많이 번 것일까. 그렇지 않았다. 동일한 근무시간을 기준으로 할 때는 노련한 택시기사의 수입이 10% 많았다. 근무시간 기준으로 10%를 더 벌었는데 최종적으로 5%만 더 벌었다는 것은 그만큼 노련한 택시기사의 근무시간이 적었다는 뜻이다. 노련한 택시기사는 일반 택시기사보다 더 적게 일하고 더 많은 돈을 벌었다. 즉 수입이 좋을 때 열심히 일한 택시기사가 일정 수입을 채우면 더는 일하지 않는 택시기사보다 수입은 많고 근무시간은 오히려 짧았다.

평생 먹고살 수 있는 큰돈이 생기고 나서 깨달은 것

보통 사람들은 돈을 더 많이 번다고 더 열심히 일하지 않는다. 반대로 돈이 많아지면 일을 덜 하는 경향이 있다. 소수의 사람만 돈을 더 많이 벌 수 있다고 할 때 더 열심히, 많이 일한다. 욕심이 많아서일 수도 있고, 돈을 좋아해서일 수도 있으며, 더 전략적이라서 그럴 수도 있지만, 어쨌든 이런 사람은 소수다.

내가 직장에 다닐 때 훌륭한 직원은 아니었지만, 그래도 성실하긴 했다. 스스로 일을 찾아서 하지는 않았으나 시키는 일은 군말 없이 다 했다. 안 한다고 빼지도 않았고 불평불만을 내뱉지도 않았다. 그러다 직장 생활을 하지 않아도 정년까지 먹고살 수 있는 큰돈이 생겼다. 그 후 직장에서의 근무 태도에 심각한 변화가 일어났다.

직장에서 일을 제대로 하지 않으면 근무 성적이 나빠져 성과급을 못 받는다. 그런데 그게 무슨 상관인가. 성과급을 받으나 안 받으나 아무런 상관이 없다. 일을 안 해도 경제 상태에 전혀 영향이 없다. 시키는 일을 안 했다가는 잘릴 수도 있다. 하지만 잘리면 또 어떤가. 현 생활수준을 유지하는 데 아무런 상관이 없다. 일하기가 싫다. 일하더라도 이전보다 강도가 낮아지고, 세밀한 사항에 대해 대강대강 넘어가려 한다. 위에서 뭐라고 하면 불평불만이 생긴다.

이때 알게 된다. 직장에 다녀야 먹고살 수 있을 때 직장에 충실해진다는 것을. 직장을 다니거나 말거나 아무런 상관이 없다면 업무에 충실하기 어렵다. 회사 측에서 볼 때 이건 큰 문제다. 회사는 시합에서 꼭 이기고자 하는 사람들을 선수로 뽑아서 업무를 맡겨야 한다. 시합에서 이기거나 말거나 상관없다는 태도로 일하는 사람이 팀에 끼어 있으면 팀 전력에 심각한 문제가 생긴다. 사람은 경제적으로 월급이 필요해야 업무에 신경 쓴다. 월급이 전혀 필요 없는 사람은 회사 일을 제대로 하려 하지 않는다. 그런 사람은 회사에서 나가주는 게 회사 입장에서는 더 좋다. 직장에 다니면 안 되는 사람들이다. 물론 돈과 상관없이 일하는 이들도 있다. 업무 자체를 굉장히 좋아하는 사람, 거기에서 자아실현의 길을 찾으려는 사람이다. 하지만 이런 사람은 극소수다. 대부분은 돈을 벌기 위해 직장에 다닌다. 월급이 전혀 없어도 자아실현을 위해 일하겠다는 사람은 거의 없다.

월급만으로는 부자가 되기 힘든 이유

직장 생활을 오래 해도 큰돈을 벌 수 없는 이유도 알게 된다. 회사가 이익이 많다고 일반 직원들에게 연봉 5억 원, 10억 원씩 주면 어떻게 될까. 직원들은 몇 년 일하다 돈이 모이면 퇴직할 것이다. 그럼 회사에 일할 사람이 없다. 그래서 회사는 직원들에게 먹고살 수 있는 만큼만 돈을 준다. 사회 평균 수준보다 월급이 많더라도 몇 년 저축하면 평생 먹고살 수 있는 돈이 모일 정도로는 주지 않는다. 회사는 직원들이 중산층 수준만 유지하도록, 회사를 다니지 않으면 곤란해지도록 보수를 책정한다. 직원들이 모두 큰 부자가 돼 회사를 떠나면 회사는 망하기 때문이다.

연봉 5억 원, 10억 원을 주는 직장도 있지 않나. 대기업 이사, 고소득 전문직은 그 정도 받지 않나. 이런 사람들은 노련한 택시 기사처럼 돈을 더 주면 일을 더 많이 한다. 즉 돈을 많이 벌었다고 놀려 하지 않고, 돈을 받으면 받을수록 더 열심히 일하는 사람들이다. 회사는 돈을 많이 줘도 일을 게을리하지 않고 오히려 더 열심히 일할 직원이라는 확신이 섰을 때 높은 연봉을 준다. 즉 일 중독자에게 많은 월급을 주는 것이다. 반면 워라밸을 외치는 사람에게 높은 연봉을 주면 일을 안 한다. 이런 검증을 통과하는 사람은 소수일 수밖에 없고, 그렇기에 높은 연봉을 받는 사람도 소수다.

이 때문에 보통 사람들이 직장생활만으로는 큰 부자가 되기 힘든 것이다. 보통의 직장인이 부자가 되기 위해서는 재테크, 투자 같은 별도의 행위가 필요한 이유다.

How Money Moves People

06

이제는 제시 리버모어의 마음이 이해된다

주식 투자 방법을 크게 둘로 나누면 가치투자와 기술적 투자가 있다. 가치투자는 매출, 이익 등으로 기업의 본질적 가치를 파악하고, 이를 현 시장 가격과 비교해 투자하는 방법이다. 현재 세계 최고 투자자로 인정받는 워런 버핏Warren Buffett이 바로 이런 가치투자자다.

반면 기술적 투자는 기업 가치보다 매매 추세를 살핀다. '오르면 사고 내리면 판다' '단기적으로 지나치게 올랐다면 팔아야 한다' '5% 떨어지면 손절매해야 한다' 등은 기술적 투자에서 나온 말이다. 기술적 투자는 시장의 단기 움직임, 투자자의 심리 등을 중요시하는데, 이런 기술적 투자로 유명한 사람이 20세기 초에 활동한 제시 리버모어Jesse Livermore다.

공격적 투자자 제시 리버모어

리버모어는 주식거래소의 일개 사환으로 시작해 주식 투자만으로 백만장자가 된, 주식 역사상 최초로 주식 투자만으로 갑부가 된 인물이다. 그런데 리버모어는 주식 투자자의 이상적인 모델로 소개되지 않는다. 리버모어가 결국 주식 투자에 실패해 파산했고 자살까지 했기 때문이다. 한 번 파산한 것도 아니다. 무려 네 번이나 파산했다. 백만장자가 되고 파산하고, 또 백만장자가 되고 파산하고, 다시 백만장자가 되고 파산했다. 파산한 상태에서도 다시 몇 번이나 백만장자가 됐으니 천재적인 주식 투자자였던 것은 맞다. 하지만 자살로 생을 마감한 주식 투자자를 사람들이 이상적인 모델로 추종하기는 어렵다.

리버모어의 삶은 참 안타깝다. 그가 처음 백만장자가 됐을 때는 주식 투자를 하지 않고 돈을 관리하면서 살았다면 평생 풍요롭게 지냈을 것이다. 아니, 주식 투자를 그만둘 필요까지도 없었다. 하지만 리버모어는 굉장히 공격적인 투자자였다. 높은 비율의 레버리지, 즉 대출을 많이 받아 투자했고, 공매도 기법을 활용했다. 이 기법을 사용하면 예상과 달리 주가가 움직일 때마다 큰 손해를 본다. 리버모어가 레버리지 투자, 공매도 투자를 더는 하지 않고 그냥 오를 주식을 사놓는 식으로 투자 방법만 바꿨더라도 평생 백만장자로 살았을 것이다.

리버모어는 백만장자가 된 후에도 계속해서 레버리지, 공매도 투자를 했다. 100억 원이 있을 때 주가가 30% 폭락하면 70억 원이 된다. 폭락해도 큰 부자다. 하지만 100억 원이 있을 때 레버리지로 200억 원을 끌어들여 300억 원으로 투자할 경우 주가가 30% 폭락하면 파산하게 된다. 리버모어는 백만장자가 된 후에도 계속 이런 방법으로 투자했고, 시장이 급변할 때마다 파산할 수밖에 없었다. 위험한 투자 방법을 좀 더 안전한 투자 방법으로 바꾸기만 했어도 리버모어는 평생 부자로 살면서 주식 투자의 전설, 멘토로 남았을 것이다.

그렇게 생각해왔다. 그런데 지금은 생각이 달라졌다. 리버모어는 분명 투자 방법만 바꿨어도 평생 부자로 살았을 테다. 하지만 자신이 평생 유지해온 투자 방법을 바꾼다는 게 그리 간단한 일이 아니라는 사실을 알게 됐다.

나는 투자로 어느 정도 큰돈을 벌고 싶었다. 그래서 기대수익률이 높은 투자 방법을 써왔다. 안정적으로 연 6~7% 수익률을 기대하는 투자 방법들도 있다. 그런데 이 정도 수익으로는 용돈 벌이에 그칠 뿐 부자가 될 수는 없었다. 10억 원 이상 투자금이 있으면 연 7% 수익률을 얻어도 7,000만 원이니 괜찮다. 하지만 1억 원 투자금으로 연 7%면 700만 원이다. 이런 투자에 성공해도 부자는 안 된다. 부자가 되려면 그보다 높은 수익을 목표로 해야 한다. 수익률이 높으면 위험성도 높아진다는 문제가 있다. 하지만 부자가 될 수 있는 수익을 얻으려면 그런 것쯤은 감수해야 한다.

개인적으로 나는 비트코인 투자를 했고, 또 고수익을 바랄 수 있는 고성장주를 중심으로 주식 투자를 했다. 다행히 투자에 성공해 직장을 그만둘 수 있었다. 그런데 직장을 그만둬 더는 고정 수익이 없는 상태에서는 위험성 높은 투자를 할 수 없었다. 고정 수익이 없다면 시장 변동이 있어도 크게 잃지 않을 자산, 수익률이 낮아도 안전성이 높은 자산을 갖고 있어야 한다. 그래서 파이어족이 된 후에는 그런 자산들로 포트폴리오를 구성하려 했다. 경기 변동이 와도 수익성이 크게 감소하지 않는 유명 식품 기업, 배당주, 채권, 안전한 ETF(상장지수펀드) 등을 추구했다. 돈을 벌려는 투자보다 돈을 관리하는 투자, 적정 이윤만 바라는 투자, 돈을 잃지 않는 투자에 초점을 뒀다. 그런데 이렇게 투자 방법이 바뀌면서 나의 생활방식, 사고방식에도 변화가 생겼다는 것을 알게 되었다.

투자 방법에 따라 달라지는 생활 태도

고수익을 바라는 성장주, 기술주에 투자하려면 어떤 사고방식을 가져야 할까. 미래를 낙관적으로 바라봐야 한다. 새로 등장하는 기술에 긍정적 시각을 가져야 한다. 뭔가 새로운 게 없나 찾고, 그 기술로 세상이 변할 것이라고 느껴야 한다. 그래야 성장주, 기술주를 믿음을 갖고 살 수 있다. 반면, 고성장주를 배제한 채 안정적인 투자처만 찾으려면 어떤 사고방식을 가져야 할까. 세상이 변하지 않을 것이라고 생각해야 한다. 현 기업이 앞으로도 계속 주도적인 기업으로 남을 것이라 보고, 또 새로운 기술을 한때의 바람, 유행에 불과하다고 여겨야 한다. 새로운 것은 시작할 필요가 없고, 갑자기 이슈가 되고 유행을 타는 것은 사기꾼들의 농간 때문이라고 믿는다. 새로운 기술에는 긍정적이지만 안정적인 투자만 하기에 별로 신경 쓰지 않겠다고 생각하는 사람도 있지 않을까. 주식이 크게 오를 것이라고 믿으면서 단지 자신의 투자 방식 때문에 쳐다보지도 않는다는 것은 웃기는 일이다. 사람은 그 나름 자기 합리적인 결론을 내려야 한다. 새로운 기술은 불안하고 믿을 수 없으며 한때 유행에 불과하기에 투자하지 않는다고 스스로 세뇌하는 것이 마음 편하다.

세상을 보는 시각만 달라지는 것이 아니다. 생활 태도도 달라진다. 미래의 성장, 변화를 긍정적으로 바라볼 때는 뭔가 새로운 일을 하는 것, 새로운 지식을 접하는 것이 자연스럽다. 이것도 해보자, 저것도 해보자는 식으로 시도하는 것도 많다. 하지만 지금 가지고 있는 돈을 잘 관리만 하자고 생각한다면 이때는 새로운 일을 시작해선 안 된다. 새로운 일은 항상 돈을 더 쓰게 만든다. 지금 하고 있는 일도 더 잘하려고 해선 안 된다. 그러려면 돈이 더 든다. 그냥 지금 하고 있는 대로만 해야 한다. 그래야만 돈 관리가 잘된다.

투자를 전혀 하지 않고 저축만 추구하는 사람은 소극적인 사고방식을 유지해야 한다. 투자하더라도 안정적인 투자만 하려는 사람은 미래 신기술에 대해 긍정적 시각을 가져선 곤란하다. 고수익을 바라는 투자자는 미래 신기술에 대해 긍정적이고, 시대 변화를 기대한다.

나는 고수익-고성장을 기대하는 투자자였다. 이때는 새로운 기업, 새로운 기술, 앞으로의 변화에 대해 이야기하는 책을 많이 찾아 읽었다. 하지만 고수익이 아니라 현상 유지를 위한 관리 위주 투자를 생각하다 보니 그런 것을 찾지 않게 됐다. 일상생활에서도 뭔가 새로운 것을 찾지 않았다. 사고방식, 생활방식이 소극적으로 변하고 있다는 것을 느꼈다.

자신의 사고방식에 맞는 투자법을 찾아라

투자 방법은 단지 투자 방법에 그치는 것이 아니었다. 사고방식과 생활방식에도 영향을 미쳤다. 나 자신의 정체성과 연결되어 있기 때문이다. 이제는 리버모어가 몇 번이나 파산하면서도 계속 공격적인 투자 방법을 유지한 것을 이해할 수 있다. 돈만 목적이라면 투자 방법을 바꾸면서 돈을 관리해나가는 게 맞다. 하지만 돈보다 자기 정체성을 추구하는 게 더 중요하다면 계속 망하더라도 자기 투자 방법을 고수하게 된다.

어쨌든 투자 방법이 나의 사고방식과 생활 태도에 영향을 미친다는 사실을 알게 되고서는, 그러니까 안정을 추구하는 투자 방법으로 바뀌면서 뭔가 새로운 것을 찾고 시도하는 일을 피하게 된다는 사실을 알게 되고서는 원래의 투자 방법으로 되돌아가기로 했다. 고성장을 추구하는 투자로 돌아간 것이다. 물론 이런 투자 방법은 위험성이 높다. 그렇더라도 소극적 사고방식으로 사는 것보다는 적극적 사고방식을 유지하는 게 낫다는 생각이 든다. 이런 투자 방법이 옳다고 주장하는 건 아니다. 단지 나에게 맞다는 얘기다. 투자 방법은 자신의 사고방식, 생활방식과 연관된다. 그렇기에 무엇보다 자신에게 맞는 투자 방법, 자기가 추구하고자 하는 사고방식을 찾고 그에 맞추는 것이 좋다.

How Money Moves People

THE PSYCHOLOGY of BIG MONEY

쫄딱 망한 부자의 자손들이 다시 부자가 되는 이유 - 더 높은 기준의 힘 ②

현대 자본주의 사회의 문제 중 하나가 부모로부터 재산을 물려받은 '금수저'가 계속 부자로 살아가는 경향이 강하다는 점이다. 물려받을 재산이 없어 열심히 노력하는 사람보다 별 재주가 없어도 재산을 물려받은 사람이 더 부자로 잘산다. 물려받는 부로 경제 상태가 결정되는 건 대부분 불공정하다고 보는 것이 일반적이고, 그래서 이를 방지하려는 정부 정책들이 만들어진다. 부모 재산에 따라 경제력 차이가 더 커지지 않게 하는 것이 경제 정책의 주요 목적 중 하나다.

여기서 근본적인 질문 하나가 있다. 부자의 자식이 더 잘사는 것이 정말 부모 재산을 물려받아서일까. 부모 재산을 물려받지 않았다면 부자의 자식은 그냥 평균 수준의 재산만 가지게 될까.

이에 대한 실제 사회실험 사례가 있다. 중국 공산혁명 당시 지주들은 모든 땅을 몰수당하고 몰락했는데, 그 후 지주의 자손들이 어떻게 살고 있느냐에 관한 연구다. 앨버트 알레시나Albert Alesina 미국 하버드대 교수 연구팀이 중국인 3만 6,000여 명을 조사해 2020년 그 결과를 발표했다.

중국 공산화로 몰락한 지주들

중국은 전통적으로 농업 국가이고 지주와 보통 농민, 소작인으로 빈부 격차가 나뉜 사회였다. 땅을 많이 보유한 지주들이 부자이면서 사회 상층부를 차지한 지배계층이었다. 1900년대 초 전통 중국 사회에서 지주들은 보통 사람보다 평균 20%가량 소득이 많았다. 중국 마오쩌둥은 지주와 보통 농민의 빈부 격차가 중국 사회 문제의 원천이라고 주장했으며, 결국 마오쩌둥의 공산당이 중국 농민들의 지지를 받아 정권을 획득했다. 정권을 잡은 마오쩌둥의 공산당은 대대적인 토지개혁을 실시했다. 지주들로부터 모든 땅을 몰수해 가난한 농부들에게 나눠준 것이다. 그리고 좀 더 지나서는 토지를 완전히 국유화했다.

지주는 한 조각의 땅조차 소유할 수 없게 돼 완전히 몰락했다. 지주 수십만 명이 살해당했고, 살아남더라도 지주와 그 가족은 사회 최하 계층으로 떨어졌다. 공산사회는 계급사회다. 지주의 자식들은 공산사회에서 가장 적대적 취급을 받는 자본가 계급 출신이라는 낙인이 찍혀 사회 활동에서 차별받았다. 중국은 빈부 격차가 거의 없는 평등한 사회가 됐다. 모두 가난한 게 문제이긴 했지만, 어쨌든 빈부 격차는 거의 없었다. 그리고 그중에서도 지주의 자식들은 보통 사람보다 더 못살았다. 1940~1965년 사이에 태어난 지주의 자식들은 보통 사람보다 소득이 5%가량 적었다. 지주 계급은 완전히 몰락했다.

중국은 1980년대 이후 개방화 정책을 실시했다. 보통 사람이 돈을 벌어도 되는 시대가 된 것이다. 모두가 돈이 없고 평등한 사회였으니, 이때는 부모로부터 물려받은 재산은 아무런 의미가 없다. 권력자의 자녀라면 모를까 보통 사람은 물려받은 재산이 없었다. 그러면 보통 사람이나 과거 지주의 자손이나 아무런 차이가 없어야 한다. 그런데 아니었다. 이때는 지주의 자식들은 이미 나이가 들었고, 지주의 손주들이 활동하는 시기였다. 개방화 전 지주의 자식들은 보통 사람보다 못살았다. 그런데 개방화 이후 지주의 손주들은 보통 사람보다 더 잘살았다. 2010년 기준으로 보통 사람보다 12%가량 소득이 많았다.

중국에서 가장 잘사는 계층을 꼽으라면 공산당 당적을 가진 공산당원들이다. 공산당 당적은 엘리트만 가질 수 있고, 그만큼 보통 사람보다 수익이 컸다. 그런데 공산당원보다 지주 자손들의 평균 수입이 더 많았다. 할아버지가 지주였던 사람이 공산당원보다 2%가량 소득이 많은 것이다. 할아버지가 지주였던 사람들이 지금 더 잘살게 된 이유는 무엇일까. 할아버지의 부가 아버지에게 이어지고, 다시 손주에게 이어진 것이라면 이해된다. 그런데 아버지 대는 완전히 몰락했다. 모든 땅을 빼앗기고, 자본가 출신으로 낙인 찍혀 괜찮은 직업을 가질 수도 없었다. 보통 사람보다 오히려 못살았다. 그런데 어떻게 손자·손녀들은 공산당원보다 더 많은 수입을 올릴 정도로 되살아났을까. 분명히 말할 수 있는 건 물려받은 재산은 답이 아니라는 점이다. 지주의 자손들은 재산을 물려받아서 부자가 된 게 아니다. 재산 이외에 다른 더 중요한 요소가 있는 것이다.

부자는 기준 자체가 높다

알레시나 교수 연구팀이 그 원인과 관련해 3가지를 발견했다. 일단 지주의 자손들은 교육을 더 많이 받았다. 중등교육까지 마친 사람이 평균보다 7% 많았다. 그리고 평균보다 일하는 시간이 길었고, 뭔가를 해보려고 더 나서는 경향이 있었다. 즉 교육, 일하는 시간, 진취적 경향 등 3가지에서 차이가 있었고, 바로 여기에서 소득 차이가 발생했다. 부자가 되는 데 필요한 건 재산이 아니다. 교육, 일하는 시간, 진취적 경향이 필수 요소이고, 부자의 자손이 계속 부자인 이유는 이런 '사회적 자본'을 대대로 전수받았기 때문이다.

이런 사회적 자본을 물려받는다는 건 어떤 의미일까. 이는 기준의 문제다. 어느 정도 배우면 되는지, 어느 정도 공부하면 충분한지 등에 관한 기준 말이다. 자식이 하루 5시간씩 열심히 공부한다고 치자. 그럼 어떤 집에서는 공부를 굉장히 열심히 한다고 생각한다. 공부만 하다가 건강을 해칠 수 있으니 좀 쉬면서 하라고 조언하고, 공부 말고 다른 것도 중요한 게 있다고 강조하기도 한다. 그런데 부모가 의사, 변호사, 회계사, 박사, 고위 공무원이라면 뭐라고 말할까. 이들은 하루 5시간씩의 공부로는 아무것도 이룰 수 없다는 사실을 잘 안다. 최소 하루 8시간은 공부해야 한다. 그렇게 몇 달 열심히 해도 안 되고 몇 년을 해야 한다. 이런 부모는 자식이 하루 5시간씩 공부한다고 하면 싫은 소리를 한다. 그것 가지고는 안 된다고, 더 해야 된다고 눈치를 준다.

업무도 마찬가지다. 회사에서 하루 8시간이면 충분히 일하는 거 아닌가. 그런데 고위 임원까지 오른 사람, 성공한 사업가는 알고 있다. 하루 8시간만 일해서는 사회에서 말하는 소위 성공을 절대 이룰 수 없다는 것을 말이다. 회사에서 하라는 일만 열심히 하면 그 일을 아무리 잘해내도 사회적으로 성공하기 어렵다. 플러스알파가 필요하다. 보통 가정에서는 자식이 학교에서든, 회사에서든 주어진 업무만 잘해내면 칭찬한다. 하지만 소위 성공한 사람이 있는 가정에서는 그렇지 않다. 뭔가를 더 하라고 옆구리를 계속 찌른다.

부자의 자식들은 공부든, 일 처리든, 사업이든 최소한 이 중 한 분야에서는 보통 사람과는 다른 기준으로 키워진다. 부자가 일부러 자식에게 그렇게 교육을 시킨다기보다 자기 기준 자체가 보통 사람보다 높기 때문이다. 부모들은 자식에게 뭔가를 시킬 때 자기가 생각하는 최소 기준에 맞출 것을 요구한다. 그런데 부자는 그 기준 자체가 높다. 자식도 부모가 제시하는 기준에 맞추려다 보니 보통 사람보다 기준이 높아진다. 어느 정도 배워야 하는지, 얼마나 어떤 식으로 일해야 하는지에 대한 기준이 높아지고, 그 기준에 따라 일하다 보니 보통 사람보다 일을 더 많이 하고 잘하게 된다. 그리고 그에 따라 자연히 소득 차이가 발생했다.

재산보다 더 중요한 부자의 조건

중국 지주의 자식들은 부모로부터 재산을 물려받지 못했다. 하지만 뭔가를 배우고 어떤 식으로 일해야 하는지에 대한 기준은 물려받았다. 집안에서 내려오는 그 기준대로 일하다 보니 자손들은 저절로 보통 사람보다 더 많이 공부하고 더 많은 시간을 일하며 또 여러 시도를 한다. 그 결과가 완전히 망한 지주의 손자·손녀가 공산당원보다 더 잘살게 된 이유가 됐을 테다.

혹자는 과거 지주는 땅을 소유만 할 뿐이고 농부들에게 땅을 빌려줘 소작료만 챙겼는데 무슨 업무 지식이 있었을까 하고 생각하기도 한다. 하지만 중국 농민과 지주들을 자세히 묘사한 펄 벅의 소설 《대지》를 보면 농사일에 전문 지식이 없는 지주가 어떤 운명을 맞이하는지 알 수 있다. 어떤 쌀이 좋은지 구별 못 하는 지주, 계량기를 제대로 사용하지 못하는 지주는 소작인들에게서 끊임없이 사기를 당해 결국 땅을 팔고 지주 자리에서 내려오고 만다. 지주 자리를 지키려면 소작인보다 농사일에 대해 더 많이 알아야 했다.

부자가 자식, 자손에게 물려주는 것에서 가장 중요한 부분은 재산이 아니다. 부자의 재산을 몰수하면 모든 사람이 평등하게 살게 된다는 것도 사실이 아니다. 중국의 사회적 경험은 부자가 되기 위해서는 재산 이외에 더 중요한 게 있다는 점을 말해준다.

How Money Moves People

THE PSYCHOLOGY of BIG MONEY

08

'있는 집' 아이들의 성공 확률이 높은 이유
- 미래를 믿는 습관의 힘

쇼핑몰을 돌아다니다 보면 장난감 가게에서 부모와 아이가 아옹다옹하는 모습을 보게 된다. 아이는 장난감을 사달라 하고, 부모는 "나중에 사줄게, 오늘은 그냥 가자"라며 아이를 설득한다. 하지만 아이는 잘 설득되지 않고 계속 졸라댄다. "나중에 사줄게"라고 계속 말하는 부모를 보니 좀 걸린다. 저런 식으로 아이를 설득하는 게 괜찮은 방법일까.

큰돈을 벌 수 있는 방법으로 여러 가지가 거론되지만 그 중심에는 투자가 있다. 주식이든 부동산이든, 아니면 사업을 하든 투자에는 공통적으로 적용되는 원칙이 있다. 바로 현재 이익보다 미래 이익을 더 중요시해야 한다는 점이다. 미래를 위해 현재를 희생하는 것이 투자다. 따라서 현재보다 미래를 중시하고 행동할 때 투

195

자에 성공할 수 있다. 이는 꼭 돈과 관련된 얘기만은 아니다. 수험 공부든, 자격증 공부든, 아니면 어떤 특별한 기술을 익히든 현재보다 미래 이익을 중시할 때 실천할 수 있다. 즉 부자가 되거나 사회에서 성공하려면 현재보다 미래를 더 중요시하는 것이 필수다.

현재냐 미래냐, 세일러의 사과 실험

그런데 문제가 있다. 많은 사람이 말로는 미래가 더 중요하다고 하지만 실제 행동에서는 그렇지 않다는 점이다. 1981년, 행동경제학자 리처드 세일러 교수는 사람들에게 다음 중 어느 것을 선택할 것이냐는 질문을 던졌다.

❶ 1년 후 사과 1개 받기(365일 후 사과 1개 받기)
❷ 1년하고 하루가 지나서 사과 2개 받기(366일 후 사과 2개 받기)

사람들은 당연히 ②를 선택했다. 하루 기다려 사과 1개를 더 받는 게 어떻게 봐도 이득이다. 세일러 교수는 이어서 다음 중에서는 어느 것을 선택할 것이냐는 질문을 던졌다.

❶ 오늘 사과 1개 받기
❷ 내일 사과 2개 받기

하루 기다리면 사과를 2배 받을 수 있다. 하지만 이때 절반 이상의 사람이 '오늘 사과 1개 받기'를 선택했다. 첫 번째 선택에서는 하루를 기다려 사과 1개를 더 받는 게 낫다고 생각한 사람들이 막상 지금 당장이 되자 내일 사과 2개보다 오늘 사과 1개를 선택한 것이다. 이성적으로는 미래 이익이 중요하다고 생각하지만, 실제 행동은 오늘 이익에 중점을 둔 결과다. 이 실험은 사람들의 이성과 실제 행동이 서로 괴리된다는 행동경제학의 기초 연구가 됐다.

현재보다 미래 이익을 중시하는 것과 관련된 또 다른 유명한 연구가 마시멜로 테스트다. 아이에게 달콤한 마시멜로 1개를 준다. 아이가 지금 당장 그것을 먹으면 1개로 끝이다. 하지만 25분을 참으면 2개를 먹을 수 있다. 아이는 지금 1개를 먹을까, 좀 참았다가 2개를 먹을까. 4세 이하의 아이들은 거의 대부분 기다리지 못하고 당장 1개를 받아 먹었다. 하지만 나이가 많을수록 기다리는 아이가 늘어났다. 12세 정도 되면 약 60%의 아이가 25분을 기다렸다가 2개를 받았다.

이 아이들이 성인이 됐을 때 어떤 삶을 살고 있는지를 살펴봤다. 그런데 기다렸다가 2개를 받은 아이들, 미래 이익을 위해 현재를 희생한 아이들의 삶이 확실히 더 나았다. 자신의 사회적 목표를 잘 달성하고 있었고 몸도 더 건강했다. 미래를 위해 현재 어려움을 참는 능력, 즉 자제력이 개인의 성공을 이끈다는 시사점을 던진 연구 결과다.

자제력은 신뢰 경험이 있어야 만들어진다

현재보다 미래를 중시하면 더 잘산다는데, 그럼 어떻게 해야 미래를 위해 현재를 참는 자제력을 가질 수 있을까. 성인은 이런 사실을 스스로 인식하고 의식적으로 노력하면 가능할 수 있다. 그럼 아이들은 어떻게 해야 이런 자제력이 생길까. 자제력은 아이의 천성이 아니다. 천성이라면 12세나 4세나 동일한 결과가 나왔을 것이다. 하지만 4세 아이들은 자제력이 없었다. 12세 아이들은 자제력이라 할 수 있는 모습을 보였다. 그만큼 자라는 동안 쌓인 경험이 아이들의 자제력 차이를 만들어냈다.

마시멜로 테스트 이후 많은 후속 연구가 이뤄졌고, 2가지 새로운 시사점이 발견됐다. 첫째, 아이들이 지금 당장의 마시멜로 1개를 선택하느냐, 지금 참고 미래에 2개를 얻느냐는 것은 '약속 신뢰도'의 영향을 받았다. 어른이 "지금 먹지 않고 참으면 나중에 2개를 줄게"라고 말했다. 이때 아이가 이 말을 믿느냐 믿지 않느냐가 중요하다는 얘기다. 나중에 어른이 정말 2개를 줄 거라고 믿으면 참을 가능성이 커진다. 하지만 어른이 나중에 2개를 줄 거라고 했지만 그 말을 믿을 수 없다면? 그럼 2개를 얻으려 참고 기다리지 않는다. 기다리면 2개를 먹을 수 있다는 말을 무시하고 그냥 지금 당장 1개를 먹는다. 미래를 위해 참느냐 참지 못하느냐에는 신뢰도가 큰 영향을 미쳤다.

둘째, 아이들의 선택은 소위 '있는 집' 아이냐, 아니냐의 영향을 받았다. 있는 집 아이, 가정 살림이 넉넉한 아이는 미래를 위해 기다릴 가능성이 컸다. 하지만 집이 넉넉하지 않은 아이는 미래의 2개보다 지금 당장 1개를 선택하는 경향이 강했다.

부유한 집 아이가 부모와 함께 쇼핑을 한다고 해보자. 솜사탕이 먹고 싶어 부모에게 사달라고 했다. 이때 부모가 지금은 안 된다고 하고 나중에 사주겠다고 한다. 안 된다고 한 이유는 오늘 이미 사탕같이 단것을 먹어서일 수도 있고, 시간이 없어서일 수도 있으며, 돈을 쇼핑에 딱 맞춰 가져와 여유자금이 없어서일 수도 있다. 어쨌든 부모가 지금은 안 되고 나중에 사주겠다고 한다. 아이는 아주 어려서는 부모의 안 된다는 말에 울고 졸라댔을 것이다. 하지만 나이가 좀 들어서는 부모가 나중에 사준다고 했을 때 정말로 나중에 사준다는 것을 알기에 부모의 말을 믿고 기다린다. 부모가 "나중에"라고 말해도 지금 당장은 참고 기다릴 줄 아는 것이다. 연구자가 "25분 후 마시멜로를 하나 더 주겠다"고 하면 충분히 기다릴 수 있다.

반면 있는 집안이 아닌 경우는 어떨까. 아이가 솜사탕을 사달라고 했을 때 "나중에"라고 말한다. 그런데 많은 경우 이때는 정말로 나중에 사주겠다는 뜻이 아니다. 아이가 지금 졸라대는 걸 달래려고 하는 말일 뿐이다. 건강상 문제 때문이라면 안 된다고 하지 "나중에"라고 말하지는 않을 것이다. 보통 사주고 싶어도 그럴 경제적 여유가 없을 때 "나중에"라고 변명하곤 한다. 차마 "돈이 없어서 안 돼"라고 할 수는 없어서 "나중에"라는 말로 지금 당장을 모면하려는 것이다. 이런 경험이 계속 쌓이면 아이는 "나중에"라는 말을 믿지 않는다. 부모는 "나중에"라고 말하지만 지금 당장 사지 않으면 살 기회가 없어진다. 계속 울면서 졸라대야 한다. 연구자가 "25분 후 마시멜로를 하나 더 주겠다"고 해도 넘어가선 안 된다. 지금 눈앞에 있는 1개를 빨리 먹어야 한다.

부유한 집 부모가 모두 "나중에"라는 약속을 지키는 것은 아니다. 또 가난한 집 부모가 모두 "나중에"라는 약속을 지키지 않는 것은 아니다. 하지만 실제 많은 가정에서 "나중에"라는 말이 별 신뢰 없이 사용되고 있는 것은 사실이다. 사회에는 부유한 집보다 가난한 집이 더 많은 법이고, 그러면 자연히 "나중에"라는 말을 잘 믿지 않는 사람이 더 많을 수밖에 없다. 이런 관점에서 보면 세일러 교수의 사과 연구에서 내일의 사과 2개보다 오늘의 사과 1개를 선택하는 사람이 더 많은 것도 충분히 이해된다. 사람들은 나중에 사과 2개를 준다는 말을 진심으로 믿지 못한다. 잘 알지도 못하는 연구원이 내일 사과를 주겠다고 하는데 그 말을 어떻게 믿을 수 있을까. 지금 당장 1개를 받는 게 이익이다.

미래를 믿는 습관의 힘

투자를 제대로 하려면 현재 이익을 포기하고 미래 이익을 기대하면서 의사결정을 해야 한다. 돈 투자만이 아니라 인생 투자도 마찬가지다. 그런데 미래 이익을 기대하며 현재 이익을 포기하기 위해서는 미래를 믿어야 한다. 진심으로 앞으로 더 큰 보상이 있을 것이라고 믿어야 제대로 투자할 수 있다. 미래를 믿지 못하면 투자가 어렵고, 설령 투자하더라도 마음이 불안해 오래 버틸 수 없다. 투자자는 이런 시스템을 의식하고 미래를 믿는 사고방식을 가질 필요가 있다. 또 아이들에게는 미래에 대한 불신을 심어주는 습관을 지양할 필요가 있다. 아이에게 나중에 사줄 생각이 없으면서 "나중에"라는 말로 상황을 넘어가려 하는 것도 피해야 할 방식일지 모른다.

How Money Moves People

09

돈 걱정 없을 것 같은 부자,
실제론 자나 깨나 돈 생각

많은 사람이 항상 돈에 대해 생각하며 살아간다. 월급을 받는 직장인은 매달 생활비를 체크하고, 자신의 수입 내에서 지출이 이루어지도록 계속 관리해야 한다. 수입보다 지출이 많다면 적자를 어떻게 보전해야 하는지, 앞으로 그 돈을 어떻게 채워 넣을지를 고민한다. 사업하는 사람이라면 이번 달 수입이 얼마나 되는지, 사업 운영비 지출이 얼마나 되는지를 계속 의식하고 고민한다. 이렇게 계속 돈에 대해 고민하면서 '부자는 이런 돈 고민 따윈 하지 않을 텐데'라고 생각한다. 돈 걱정, 돈 고민, 돈 생각에서 벗어나기 위해서라도 부자가 됐으면 좋겠다는 꿈을 갖기도 한다.

그런데 정말 부자가 되면 이런 돈 걱정에서 벗어날 수 있을까? 정말 부자들은 돈 고민 없이 인생을 즐기며 사는 걸까?

물건값 고민 없이 사는 상위 20%

마케팅 세일(할인) 이론 중 '2:6:2 법칙'이라는 것이 있다. 가격 할인을 하면 보통 판매량이 늘어난다. 그런데 가격 할인을 할 때 모든 사람이 관심을 보이는 건 아니다. 20%의 사람은 항상 가격 할인 때만 상품을 구입한다. 가격에 굉장히 민감해 세일할 때를 기다려서 물건을 산다. 60%의 사람은 가격 할인 때 물건을 사기도하고, 할인을 하지 않을 때 사기도 한다. 대부분 보통 사람들이다. 그리고 마지막 20%의 사람은 할인하는 제품은 사지 않는다. 돈보다는 품질을 더 중요시하는 사람들이고, 싸다는 이유로 구매결정을 하지 않는 사람들이다. 돈이나 가격에 굉장히 민감한 사람 20%, 돈과 가격에 영향을 받았다가 받지 않았다가 하는 사람 60%, 그리고 가격에 신경 쓰지 않는 사람 20%로 나뉜다고 해서 '2:6:2 법칙'이다.

돈은 상관없는 20%는 소득에 여유가 있는 사람들이다. 물건을 사면서 돈에 대한 고민을 잘 하지 않는다. 물건을 살 때 가격을 별로 신경 쓰지 않는 사람은 부자 아니겠나. 그래서 부자가 되면 돈 걱정, 돈 고민 없이 살아가는 것으로 생각된다. 그런데 부자는 돈 걱정 하지 않고 좋기만 할 거라는 생각은 반에서 1등 하는 학생, 전교 1등 하는 학생이 공부 걱정 하지 않고 행복해할 거라고 생각하는 것과 같다. 공부를 못하는 학생은 '반에서 1등, 전교에서 1등 하면 얼마나 좋을까'라고 생각한다. 반에서 1등, 전교에서

1등을 하면 굉장히 행복하고 아무런 고민이 없을 것 같다. 자기는 공부를 잘하지 못해서 힘들지만, 공부 잘하는 애들은 별걱정 없이 행복하게 지내는 것 같다. 그런데 반에서 1등, 전교에서 1등 하는 학생은 정말로 행복할까. 공부를 잘하면 칭찬받는 학교 시스템에서 공부를 잘하니 별 고민이 없고 스스로도 자랑스러울까.

반에서 1등, 전교에서 1등 하는 학생을 잘 관찰해보라. 그 학생이 항상 웃으며 행복하게 학교생활을 하는가. 웃으며 떠드는 시간보다 고민스러운 얼굴, 찌푸린 얼굴을 한 채 공부만 하는 시간이 훨씬 많다. 공부를 잘 못하는 학생보다 평소 웃는 얼굴을 보기가 훨씬 어렵다. 공부를 못하는 학생은 한두 문제를 더 틀려도 "이 정도는 실수해도 되지, 뭐"라며 그냥 웃고 넘긴다. 반면 공부를 잘하는 학생은 100점 받을 수 있는 시험에서 한두 문제를 틀려 95점, 90점을 받으면 절망에 빠진다. 속상해서 울기도 한다. 공부를 못하는 학생은 공부 스트레스가 심하고, 공부 잘하는 학생은 공부 스트레스가 없는 게 아니다. 공부 잘하는 학생의 공부 스트레스가 훨씬 심하다. 항상 웃고 행복해하는 전교 1등은 존재하지 않는다. 평소 계속 공부하고 스트레스를 받다가 시험 성적 결과가 나왔을 때 잠깐 안도감을 느끼는 게 전교 1등이다.

이는 어느 분야든 마찬가지다. 아마추어 축구선수는 국가대표급 선수라면 축구에 대해 더는 고민하지 않고 스트레스를 받지 않을 거라고 생각할 수 있다. 국가대표급으로 축구를 잘하는데 축구에 대해 뭘 고민할 게 있겠나. 하지만 국가대표급 축구선수는 축구에 대한 고민에서 벗어나지 못한다. 오히려 아마추어 선수보다 훨씬 많이 축구에 대해 생각하고 고민한다. 축구에 대해 고민하지 않는 프로축구 선수는 곧 그 지위를 잃는다.

부자는 늘 미래의 돈을 걱정한다

돈도 마찬가지다. 돈이 부족한 사람은 돈이 많으면 돈 걱정이 없을 거라고 생각한다. 하지만 그렇게 되지 않는다. 부자는 돈에 대해 더 많이 생각하고 고민한다. 다만 일반인이 생각하는 돈 고민과는 차이가 있다. 특별한 일이 없으면 오늘, 내일, 이번 달, 다음 달 생활비 걱정은 별로 하지 않는다. 그 대신 몇 달 후, 몇 년 후, 나아가 몇십 년 후의 돈 걱정을 한다.

부자가 가지는 돈에 대한 관심은 돈 관리, 아니면 투자 관리다. 부자는 돈 전문가들이다. 경제 상황 변화가, 그리고 정부 정책 변화가 앞으로 자기 재산에 얼마나, 어떻게 영향을 미칠지를 바로 안다. 건물이 있어서 많은 월세를 받고 있다고 해보자. 보통 사람이 보기에는 한 달에 몇백, 몇천씩 월세를 받으니 아무 걱정도 없을 것 같다. 하지만 건물주는 안다. 주변에 더 좋은 건물이 만들어지면 자기 건물은 세입자를 구하기가 힘들어질 거라는 사실을 말이다. 금리가 오르면 대출 이자가 크게 오를 테고, 그에 따라 월세 수입이 크게 줄어들 거라는 사실을 안다. 지금 우량 세입자가 나가면 어떤 영향이 있을지 그려지고, 언제 엘리베이터 등을 교체해야 하며, 그때 돈이 얼마나 나갈지도 예측 가능하다. 또 나중에 본인이 사망하면 자식들이 상속세를 내기 위해 건물을 팔아야 할 거라는 것, 그리고 그때 건물을 급매로 내놓으면 엄청나게 손실을 볼 거라는 것도 안다. 지금 당장 먹고살 걱정은 없다고 해도 앞으로 몇 년 후 자기 재산이 심각하게 줄어들 가능성이 있다는 것을 아는 것이다.

직장을 다니는 사람은 앞으로 몇 년 후 자기가 망할 수 있다는 생각은 잘 하지 않는다. 하지만 부자는 미래에 자기가 망할 수도 있다는 걸 안다. 이런 일이 일어나면 망한다, 저런 일이 일어나도 망한다는 시나리오를 구체적으로 그릴 수 있다. 돈에 대해 모르면 이런 것도 모를 수 있지만, 돈에 대해 잘 아니 돈을 크게 잃을 가능성도 잘 알 수밖에 없다. 지금 돈 관리나 투자를 잘못하면 망하기 때문에 돈 걱정, 돈 고민, 돈 생각에서 벗어나기 힘들다.

고故 이건희 삼성전자 회장은 삼성이 반도체 분야에서 잘나가고 있을 때도 "지금 삼성을 대표하는 사업과 제품들은 10년만 지나도 사라질 것이다" "앞으로 5년 뒤, 10년 뒤를 생각하면 등에서 식은땀이 난다"며 걱정과 고민으로 날을 지새웠다고 한다. 삼성 반도체가 지금 잘나간다고 행복해하면서 웃고 다니지 않았다. 정도 차이는 있지만, 보통 부자도 마찬가지다. 어떤 일이 벌어지면 자기가 망할지가 그냥 그려진다. 그래서 돈 걱정, 돈 고민에서 벗어날 수가 없다.

또 시간 측면에서 봐도 부자가 돈 걱정을 더 많이 한다. 직장에 다니는 사람은 아무리 돈 걱정을 한다 해도 회사에서 일하는 동안은 그 걱정을 하지 않는다. 일상생활을 하는 데 소요되는 시간, 일하는 데 사용하는 시간을 빼면 막상 하루에 돈 걱정을 할 시간은 그리 많지 않다. 그런데 부자는 시간이 많은 사람들이다. 일반 사람처럼 열심히 일하지 않으면서 여유시간을 가질 수 있다. 그런데 일하지 않고 남는 여유시간에 무슨 생각을 하겠나. 축구선수가 축구에 대해 생각하듯이, 부자는 돈에 대해 더 생각할 수밖에 없다. 보통 사람보다 생각할 시간이 많으니, 돈 생각도 더 많이 한다. 그리고 사람은 혼자 있으면 행복한 생각보다 고민을 더 많이 하는 법이다. 돈 생각을 많이 하면 할수록 돈 고민, 돈 걱정도 많아진다.

돈 걱정 제로의 주인공, 부자 가족들

단, 예외가 있다. 정말로 돈에 대해 거의 걱정하지 않고 살아가는 사람들도 있다. 부자의 가족들이다. 부자에게 돈을 받아 사용하는 배우자, 아들, 딸 등 가족은 돈이 어디서 나오는지, 돈 관리가 어떻게 되고 있는지 전혀 모르는 상태에서 마음껏 돈을 쓰기만 할 수 있다. 진짜 돈 걱정으로부터 벗어나 마음 편히 살아갈 수 있는 사람들이다. 의사들이 돈을 많이 벌고 잘산다고 하지만 사실 정말로 잘사는 사람은 의사 본인이 아니라 그들의 가족이다. 의사는 진료를 보느라 바쁘고, 휴일도 잘 챙기지 못한다. 의사 가족은 그런 부담 없이 의사의 많은 소득을 누릴 수 있다. 부자도 마찬가지다. 부자 본인은 돈 고민에서 벗어나기 힘들다. 반면 부자의 가족은 돈 걱정 없이 누리는 삶을 살 수 있다. 부자보다 부자의 가족이 되는 게 더 편한 삶을 살 수 있는 방법이다.

그러니 더 이상 돈 걱정은 하고 싶지 않다는 이유로 부자가 되고 싶어하지는 말자. '부자가 되면 돈 걱정을 더 이상 안 하겠지'라고 생각하지도 말자. 보통 사람이든 부자든 돈 걱정은 누구나 다 한다. 애초에 부자의 가족으로 태어나지 않는 한, 돈 걱정에서 벗어나지는 못한다. 이건 인간의 숙명이라고 해야 하지 않나 싶다.

4장

투자의 심리

THE PSYCHOLOGY
of BIG MONEY

How Money Moves People

01

'손실회피 편향'에서 배우는 투자의 지혜

경제학의 세부 분야 중 하나로 행동경제학이 있다. 행동경제학은 인간 행동의 비합리성을 보여주는 분야다. 경제학은 전통적으로 인간은 합리적이라고 가정한다. 앞뒤를 재고 분석해 여러 대안을 고려하고, 그중에서 자신에게 가장 유리한 대안을 선택한다는 것이다. 반면 행동경제학은 사람들이 그렇게 합리적인 존재가 아니라고 본다. 특히 인간의 심리나 사고 작용에 근본적 한계가 있어 비합리적으로 행동하고 의사결정을 한다는 것이다.

사람들의 이런 비합리적 행위의 대표적 예로 '손실회피 편향'이 있다. 손실회피loss aversion는 행동경제학의 창시자로 노벨경제학상을 받은 대니얼 카너먼Daniel Kahneman이 제시한 개념이다(참고로, 대니얼 카너먼은 원래 심리학자였다).

손실에 민감한 손실회피 편향

동전 던지기 게임을 한다고 해보자. 앞면이 나오면 150달러를 벌고, 뒷면이 나오면 100달러를 잃는 게임이다. 동전을 던졌을 때 앞면, 뒷면이 나올 확률은 각각 2분의 1이다. 2분의 1 확률로 150달러를 벌고, 2분의 1 확률로 100달러를 잃으니 기댓값은 25달러인 셈이다.

합리적으로 판단하면 이런 게임은 무조건 하는 게 이득이다. 하지만 사람들에게 이 게임을 하겠느냐고 물으면 반수 이상이 하지 않겠다고 답한다. 사람들은 150달러를 버는 것보다 100달러를 잃는 것을 더 싫어한다. 150달러 이득과 100달러 손실을 비교할 때 100달러 손실이 더 크게 다가오는 것이다. 즉 사람들은 이득보다 손실을 심정적으로 더 중요시한다. 사람들의 이런 편향을 '손실회피', 혹은 '위험기피'라고 한다.

그럼 100달러 손실 가능성이 있을 때 어느 정도 이익이 생겨야 사람들은 이 게임에 참여하려 할까. 100달러 손실과 같은 가치를 가지려면 어느 정도 이익을 얻을 수 있어야 할까. 카너먼의 실험에 의하면 평균 200달러 정도였다. 50 대 50 확률에서 게임에 졌을 때 100달러를 잃고 이겼을 때 200달러를 얻는다면 게임에 참여하겠다는 응답이 많았다. 사람마다 차이는 있지만 보통 150달러에서 250달러 사이였다. 이 비율을 '손실회피율'이라고 한다. 100달러 손실과 100달러 이익을 동일하게 생각하면 손실회피율은 1이 된다. 100달러 손실일 때 이익이 150달러에서 250달러여야 한다면 손실회피율은 1.5~2.5다. 평균값이 이 정도라는 것이고 이 비율은 사람마다 다르다. 이 비율이 5 이상인 사람, 8까지 되는 사람도 있었다. 100달러 손실을 보상받기 위해서는 500달러 넘는 이익이 있어야 한다는 사람들, 800달러 이익이 있어야 한다고 생각하는 사람들이다. 이들은 손실을 극도로 싫어한다. 아무리 이익이 많다 해도 그 과정에서 조금이라도 손실을 보는 걸 견디지 못한다.

반면 기대손실 대비 기대이익이 굉장히 적어도 되는 사람들이 있다. 100달러 손실 가능성이 있지만 20달러 정도만 이익이 생겨도 게임을 하겠다고 달려드는 이들이다. 기대손실과 상관없이 어쨌든 조금이라도 돈을 벌면 괜찮다고 본다. 보통 도박 중독자가 이렇다. 도박 중독자는 아무리 손실이 난다 해도 중간에 수익을 조금이라도 얻을 수 있다면 게임을 하려 한다.

손실회피 편향의 숨은 의미 ①
감정에 충실하지 마라

사람들에게 이런 손실회피 편향이 있다는 것은 쉽게 인정할 수 있다. 그런데 이런 카너먼의 손실회피 이론을 알고 '사람들은 손실을 더 싫어하는구나'라고 이해하는 데서 그쳐선 곤란하다. 이 손실회피 편향은 우리에게 어떤 사고방식으로 투자를 해야 하는지에 대한 중요한 시사점을 준다.

첫째, 감정·심리 상태에 따라 투자해선 안 된다. 돈에 관한 자신의 감정, 손실과 이익에 대한 감정에 휘둘려 투자하면 곤란하다. 사람에게는 분명 손실회피 편향이 있다. 그런데 손실회피 편향의 행동경제학은 사람들이 제대로 인지하지 못한다는 것을 이야기한다. 손실회피는 사람들의 감정이 비합리적이라는 것을 보여주는 대표적 예다. 손실회피 편향에 따라 투자하면 필연적으로 비합리적인 투자를 하게 된다. 50 대 50 확률 게임에서 이득이 150달러이고 손실이 100달러라면 게임을 계속할 경우 큰 수익을 올릴 수 있다. 합리적으로 판단하면 계속 게임을 해야 한다. 그런데 자기 감정에 충실하면 이런 게임은 하지 않으려 한다. 이론을 따르면 큰 수익을 올릴 수 있지만, 감정을 따르면 수익 기회를 놓치는 것이다.

수익 확률이 55%이고 손실 확률이 45%일 때 합리적으로 생각하면 투자를 해야 한다. 손실을 볼 때가 자주 있기는 해도 계속 투자하면 결국 수익이 난다. 하지만 감정에 따라 투자하는 사람은 이런 투자를 오래 버티지 못한다. 투자 과정에서 몇 번 손실을 경험하면 손실의 괴로움을 버티지 못하고 처분한다. 수익이 났다 손실이 났다 하다가 결국 큰 수익이 나지만, 손실회피 감정 상태에서 투자하면 손실이 났을 때 버티지 못한다.

카지노가 돈을 번다는 것을 누구나 안다. 하지만 카지노의 승률이 게이머에 비해 크게 높은 것은 아니다. 모든 게임에서 52 대 48 정도로 카지노 측 승률이 조금 높을 뿐이다. 이 정도 승률로도 카지노는 돈을 벌고 게이머는 돈을 잃는다. 약간의 승률이 수익에 큰 영향을 미친다. 하지만 기대손실에 비해 기대이익이 훨씬 높아야 된다고 생각하는 사람들, 즉 손실회피 편향 상태에서 의사결정을 하는 사람들은 이렇게 조금 유리한 투자 기회에는 들어가지 못한다. 그래서 대부분 돈 벌 기회를 잃는다. 손실회피 편향 상태에서 움직이는 사람은 기대이익이 기대손실의 2배 이상 되는 투자 기회에만 들어가려 한다. 그런데 이렇게 기대이익이 높은 투자 기회는 필연적으로 위험도가 높다. 위험한 투자만 하다가 손실을 볼 가능성이 큰 것이다.

투자는 감정을 따르지 말고 합리적으로 해야 한다. 돈을 벌었을 때의 기쁨, 돈을 잃었을 때의 괴로움을 기준으로 투자하지 말고, 기대수익과 기대손실의 차이만을 기준으로 삼아 투자해야 한다. 자기 감정에 충실하게 투자해선 안 된다는 것, 행동경제학의 손실회피는 그것을 함의한다.

손실회피 편향의 숨은 의미 ②
투자로 행복해지려 하지 마라

둘째, 손실회피 편향은 사람들이 투자로 돈을 버는 것과 행복을 느끼는 것은 서로 다른 이야기라고 말한다. 100만 원 손실 가능성이 있는 투자를 해 50만 원을 잃었다고 치자. 이때는 돈을 잃어서 불행하다. 그럼 100만 원 손실 가능성이 있는 투자로 50만 원을 벌었다고 해보자. 돈을 벌었으니 기분이 좋아지겠나. 아니다. 50만 원 정도 수익은 자신이 그동안 느낀 손실에 대한 두려움을 메우지 못한다. 돈을 벌기는 했는데 감정적으로는 뭔가 손해를 본 느낌이다.

100만 원을 벌어도 크게 잘한 것 같지 않다. 투자에 성공해 돈을 벌었다는 행복감이 없다. 계속 불안하다. 100만 원 손해를 볼 수 있는 투자에서 성공했다는 느낌, 잘됐다는 느낌을 받으려면 보통 200만 원 이상 수익을 올려야 한다. 그래야 감정상 제대로 플러스 상태가 된다. 손실회피율이 아주 낮은 사람은 이때 몇십만 원만 벌어도 크게 즐거울 수 있다. 하지만 앞에서 이야기했듯이 그 정도로 손실회피율이 낮은 사람은 매매 자체를 즐기는 도박 성향이 있다. 장기적으로 계속 수익을 실현하기 어렵고, 즐거움도 지속되지 못한다. 결국 투자를 하면서 행복하고 즐거움을 느끼는 경우는 투자금 대비 몇 배 수익을 올렸을 때뿐이다. 손실이 나면 불행하고, 수익이 나더라도 대박이 아닌 이상 이익의 즐거움보다 손실 가능성에 따른 괴로움이 더 크다.

투자는 손실을 보면 불행, 이익을 보면 행복이 아니다. 손실을 보면 불행, 이익을 보더라도 불행, 대박이 날 때 행복이다. 실제로 대부분 투자 과정에서는 행복을 느끼기 어렵다. 보통 사람들은 일하면서 행복을 느끼라고 한다. 하지만 투자 과정에서 행복을 느끼려 해서는 곤란하다. 투자는 돈을 버는 것이지 행복을 느끼는 과정이 아니다. 마음은 편치 않지만 돈은 버는 것, 그것이 손실회피 편향 상태에서의 제대로 된 투자다. 물론 가장 좋은 방법은 손실회피라는 비합리적 사고를 하지 않고 손실과 이익을 똑같이 느끼는 합리적 사고방식을 갖는 것이다. 그런데 인간인 이상 그것은 어렵다. 손실회피 편향이 있지만, 실제 투자에서 최대한 그것의 영향을 받지 않는 게 우리가 할 수 있는 최선일 테다.

How Money Moves People

02

지갑에 1억 원 수표를 넣고 다녀보니

투자로 큰돈을 벌고 싶은가. 큰돈을 벌기 위해서는 투자 방법을 익히기 전에 먼저 갖춰야 할 게 있다. '큰돈에 익숙해지기'다. 익숙해지지는 않더라도 최소한 큰돈 앞에서 마음이 휘둘리고 제대로 판단하지 못하는 일이 벌어지지 않도록 마음을 다잡을 수는 있어야 한다.

좋은 주식을 샀고 이것을 오랫동안 갖고만 있으면 10배 이상 올라 몇억 원의 수익을 거둘 수 있다고 해보자. 그런데 그 좋은 주식이라도 5,000만 원 수익을 보고 흥분해 팔아버리면 수익은 5,000만 원에서 끝이다. 1억 원 수익이 계좌에 찍힌 것을 보고 놀라서 주식을 팔면 수익은 거기까지다. 돈은 조금 벌 수 있지만 부자가 되기는 힘들다.

제대로 투자하려면 돈 액수, 수익금 액수에 따라 마음이 변해서는 안 된다. '오를 주식은 갖고 있고, 오르지 않을 주식은 갖고 있지 않는다'는 투자 원칙을 지켜야 한다. 그런데 이게 어렵다. 사람 마음은 돈 액수에 따라 달라지기 때문이다.

1억 원짜리 수표를 가지고 다니며 깨달은 것

나는 10여 년 전 1억 원을 종잣돈으로 만들어 수표로 뺐다. 이 통장에 1,000만 원, 저 통장에 2,000만 원, 이 주식에 3,000만 원 등으로 나뉘어 있던 것을 한데 모아 1억 원 수표를 손에 쥐었다. 당시 한 자기계발서를 읽었는데 1억 원짜리 수표를 한번 몸에 지닌 채 다녀보라고 권하는 내용이 있었다. 1억 원을 지갑에 넣고 다니면 돈에 대한 관념과 의식이 변화될 것이라는 권유였다.

그 말대로 한번 해보려고 1억 원짜리 수표를 끊어서 지갑 속에 넣었다. 그런데 3시간을 못 버텼다. 평생 지갑을 잃어버린 적이 없는데도 1억 원짜리 수표를 넣고 다니자 지갑을 잃어버리지 않을까 하는 걱정이 끊이지 않았다. 수시로 주머니를 뒤져 지갑이 제대로 있나 확인했다. 누가 지갑은 두고 수표만 빼내 갈 수도 있지 않나. 아니면 지갑을 열어보다가 1억 원 수표만 땅에 떨어뜨릴 수도 있지 않나. 시도 때도 없이 지갑을 열어 1억 원 수표가 제대로 있는지 확인해야 했다. 그래도 불안감을 떨쳐 낼 수 없었다.

지나가는 사람이 칼을 디밀며 지갑을 내놓으라고 하지 않을까 하는 두려움도 계속됐다. 강도, 소매치기 걱정에 다른 사람들 옆에 가까이 가는 것조차 무서웠다. 버틸 수 없었다. 결국 3시간 만에 1억 원 수표를 다시 통장에 집어넣었다. 그리고 알게 됐다. 1억 원이라는 돈에 이렇게 정신을 못 차리면 그 이상의 큰돈은 만질 수 없다는 것을. 돈에 대한 평정심, 큰돈을 다룰 때는 이것이 가장 중요했다.

상금의 크기와 인지 능력의 변화

보통 사람들은 돈 액수가 커지면 행동과 의식이 달라진다. 그게 정상이다. 댄 애리얼리Dan Ariely 미국 듀크대 경제학과 교수는 2002년 상금 액수에 따라 사람들의 의사결정 능력, 판단 능력이 달라지는지에 대한 연구를 실시했다. 빨강, 노랑, 파랑, 초록불이 들어오는 단추가 있다. 먼저 빨간 불이 들어오면 빨간 단추를 누르면 된다. 그다음에는 빨간 불이 들어오고 연이어 파란 불이 들어온다. 그러면 빨간 단추, 파란 단추를 누른다. 맞으면 그다음에는 빨강, 파랑, 초록 등으로 하나씩 들어오는 불이 늘어난다. 그에 따라 순서대로 눌러야 하는 단추 수도 증가한다. 처음에는 쉽지만 점점 순서대로 외우기가 어려워지면서 실수를 하게 된다.

애리얼리 교수는 이 게임 성적이 상금 액수에 따라 달라지는

지 여부를 살펴봤다. 한 실험 집단에는 소액을 상금으로 제시하고, 또 다른 집단에는 좀 더 큰 금액을 상금으로 지불했다. 하지만 조금 큰 상금으로는 마음이 크게 영향받지 않을 수 있어서 최고 상금을 평균 6개월 생활비로 책정했다. 원화로 따지면 1,000만 원이 넘는 금액이다. 미국에서 6개월 생활비를 지급하려면 엄청나게 많은 연구비가 필요하기에 연구 장소를 인도로 정했다. 인도 현지인에게도 6개월 생활비는 굉장히 큰 금액이었다.

인도에서 실험 참가자들은 상금을 받기 위해 열심히 게임을 수행했다. 하지만 이 게임은 본인이 열심히 한다고 해서 쉽게 높은 점수를 받을 수 있는 것이 아니다. 평소 기억력, 인지능력에 따라 점수가 정해지게 마련이다. 하지만 사람들이 상금에 마음이 흔들리거나, 평소보다 더 집중해 다른 결과를 낼 수도 있다.

실험 결과 상금이 적은 경우와 보통 액수의 경우 참가자의 점수가 엇비슷했다. 평균적으로 큰 차이가 없었다. 상금이 적을 때와 보통 액수일 때 사람들의 인지 능력, 판단 능력이 크게 달라지지 않은 것이다.

그런데 상금이 클 때는 결과가 달랐다. 상금이 크지 않은 경우보다 훨씬 성적이 나빴다. 상금이 큰 게임에 참가한 사람들의 평균 인지 능력이 다른 사람들보다 현저히 낮았을 리는 없다. 상금이 커지자 마음이 흔들려 제대로 게임을 수행하지 못한 것이다. 큰 액수는 사람 마음을 흔든다. 인지 능력, 판단 능력을 더 좋은 쪽이 아닌, 더 안 좋은 쪽으로 변화시킨다.

돈 액수의 크기와 의사결정의 방향

또 다른 예도 있다. 죄수의 딜레마 실험을 모델로 해 만든 영국 TV 프로그램 〈골든 볼스Golden Balls〉가 있었다. 결승전에서 두 사람이 만나면 이 둘은 나누기나 훔치기를 선택한다. 만약 두 사람이 모두 나누기를 선택하면 두 사람은 상금을 똑같이 나눠 갖는다. 둘 다 훔치기를 선택하면 둘 다 한 푼도 가져가지 못한다. 한 사람은 나누기, 한 사람은 훔치기를 선택하면 훔치기를 선택한 사람이 상금을 다 가져가고 나누기를 선택한 사람은 한 푼도 받지 못한다. 가장 이상적인 선택은 둘 다 나누기를 선택해 상금을 나눠 갖는 것이고, 최악의 선택은 둘 다 훔치기를 선택해 상금이 0원이 되는 것이다. 이때 사람들은 어떤 선택을 할까.

사람들의 선택은 상금 규모에 따라 달라졌다. 상금이 100달러 정도일 때는 참가자의 70% 이상이 나누기를 선택했다. 둘이 사이 좋게 상금을 나눠 갖는 비율이 높았다. 상금이 1,500달러 정도면 나누기를 선택하는 비율이 60%가량 됐다. 훔치기를 선택한 사람이 10% 증가한 것이다. 그리고 상금이 5,000달러가 넘자 나누기를 선택하는 비율이 50% 정도로 떨어졌다. 상금이 1만 5,000달러를 넘어서면 나누기를 선택하는 사람은 50%가 안 됐다. 훔치기를 선택하는 사람이 절반을 넘어섰다.

상금의 액수가 적을 때는 사람들이 가장 합리적인 선택, 모두를 위한 선택을 하는 비율이 높다. 하지만 액수가 커지면 사람들의 행동은 변한다. 자신만을 위한 결정, 다른 사람을 배반하는 선택을 하는 경우가 증가한다. 돈 액수는 분명 사람의 의사결정에 영향을 미친다. 좋은 쪽으로 영향을 미친다면 특별히 의식하지 않아도 된다. 하지만 액수가 큰 돈은 사람들에게 좋은 쪽으로 영향을 미치지 않는다. 더 긴장되고 불안해진다. 그리고 더 이기적이게 돼 다른 사람과의 협력 관계를 망친다. 제대로 된 의사판단을 하지 못하고, 올바른 투자 선택을 유지하지 못한다. 따라서 큰돈이 자기 마음에 큰 영향을 미치지 않도록 의식적으로 준비해야 한다.

상상으로라도 큰돈에 익숙해져라

그럼 어떻게 해야 큰돈에 익숙해질까. 실제로 그런 돈이 없는 상황에서 큰돈에 완전히 익숙해지는 것은 불가능하다. 하지만 어느 정도 대비는 할 수 있다. 큰돈을 상상하는 것이다. 지금 내게 1억 원, 10억 원, 100억 원이 생긴다면 난 어떻게 행동할까, 그 돈을 어디에 어떻게 사용할까를 평소에 생각해두는 것이다.

현실적으로 큰돈이 없는데 그런 상상을 하는 것은 허황된 꿈에 불과하다고 말하는 사람들이 있다. 하지만 주식이나 코인에 투자해서 어느 날 1억 원이 생기는 것, 복권에 당첨돼 10억 원 넘는 돈이 생기는 것, 갑자기 보상금으로 큰돈이 생기는 것 등은 가능성은 적지만 그래도 일어날 수 있는 일들이다. 이럴 때 상상으로나

마 미리 마음가짐과 향후 계획을 준비해놓은 사람은 적절한 대응이 가능하다. 그렇지 않고 무방비 상태에서 한순간에 큰돈이 생긴 사람은 분명 제대로 된 의사결정을 하지 못하는 흥분 상태에 빠지게 된다. 그러니 큰돈에 의식적으로라도 익숙해져야 한다. 그래야 큰돈이 생긴 시점에 제대로 된 판단을 할 수 있다.

How Money Moves People

03

우리가 주식을 싸게 못 사는 2가지 이유

많은 사람들이 투자는 어렵고 복잡하다고 말한다. 주식 투자에 관한 책을 보면 온갖 어려운 용어들이 쏟아져 나온다. 실제로 투자는 어렵고 복잡하다. 하지만 '성투(성공 투자)'의 기본 원칙은 굉장히 간단하다. '싸게 사서 비싸게 팔기'다.

여기서 특히 중요한 건 '싸게 사기'다. 싸게 사서 비싸게 팔면 좋지만, 싸게 사서 그냥 보통 가격에 팔아도 수익은 난다. 보통 가격에 사면 비싼 가격으로 팔아야 한다. 비싼 가격에 사면 훨씬 비싼 가격에 팔아야 된다. 하지만 다른 사람도 바보가 아니다. 비싼 가격에는 사지 않으려 한다. 그래서 비싸게 팔기는 어렵지만 어쨌든 보통 가격에는 팔 수 있다.

한마디로 투자에서 중요한 부분은 '싸게 사는 것'이다. 싸게 살 수만 있다면 수익을 내는 건 그리 어렵지 않다.

성공 투자의 기본 원칙 ①
'싸게' 사기

싸게 사서 보통 가격에 팔기. 이론적으로 투자는 이렇게 간단한데 왜 실제 투자는 어려울까.

첫째 이유는 사람들은 쌀 때 사지 않기 때문이다. '쌀' 때 사는 게 아니라 자기 생각에 '싸다는 느낌'이 들 때 산다. 그렇다면 사람들이 뭔가를 보고 싸다는 느낌이 들 때는 보통 언제일까. 이전 가격보다 낮은 가격일 때 싸다고 생각한다.

A 주식 가격이 과거 5만 원이었다. 그런데 그 주식이 지금 4만 원이다. 20%가 떨어졌다. 그럼 싸다고 생각해서 산다. 5만 원 주식이 3만 원이 되면 40%나 싸졌다. 당장 사야 하는 주식이다. 이전 가격과 비교해 많이 떨어졌으면 싸다고 생각해 산다.

가격이 어떻게 정해지는지에 대한 연구는 많다. 가장 대표적인 것으로 가치법, 원가법, 시장평균법 등이 있다. 가치법은 해당 물건의 가치에 따라 가격이 정해진다고 본다. 예를 들어 시장 이자율이 2~3%인 경제 상황에서, 부동산으로 1년에 300만 원 월세 수입이 들어온다면 그 부동산은 1억 원 가치가 있다고 판단하는 식이다. 이때 1년에 3,000만 원 월세 수입이면 10억 원 가치가 된다. 부동산뿐 아니라 기업도 이런 식으로 평가할 수 있다. 이익이 1년에 3억 원이면 그 기업의 가치는 100억 원이다. 이때 이익은 3억 원인데 기업이 80억 원에 거래되면 싼 것이고, 120억 원에 거래되면 비싼 것이다.

원가법은 어떤 상품의 원가에 적정 이익을 붙여서 가격을 산정하는 방식이다. 짜장면을 한 그릇 만드는 원가가 6,000원일 때 1,000원 이익을 붙여 7,000원에 판다. 이때 이익을 하나도 붙이지 않고 6,000원이나 그 이하 가격에 팔면 싼 가격이고, 이익을 6,000원 붙여 1만 2,000원에 팔면 비싼 가격이다.

시장평균법은 다른 상품들과 유사한 가격을 기준으로 하는 방식이다. 동네 치킨집에서 보통 치킨 한 마리를 2만 원에 판다면 이 가격이 기준이 된다. 다른 가게들이 2만 원에 파는데 어떤 한 가게가 2만 5,000원에 판매한다면 비싼 가격이고, 1만 5,000원에 판매한다면 싼 가격이다.

이외에도 가격 산정법에는 여러 가지가 있다. 주식투자법에서 일반적으로 소개되는 PER(주가수익비율), PBR(주가순자산비율), EBITDA(세전·이자지급전이익) 등도 주식 가격이 싼지, 비싼지를 판단하고자 하는 기준들이다. 그런데 언급한 어떤 기준에서도 기존 가격보다 가격이 낮아졌다고 해서 싸다고 판단하는 경우는 없다. 이익에 비해 싼 가격, 장부 가격에 비해 싼 가격, 다른 기업과 비교해 싼 가격 등으로는 평가하지만, 그냥 주식이 과거 가격보다 떨어졌다고 해서 싸다고 평가하지는 않는다.

그런데 개인 투자가는 그런 식으로 판단한다. 5만 원에 거래되던 주식이 3만 원이 되면 싸다고 생각해 구매 버튼을 바로 누른다. 하지만 찬찬히 다시 생각해보면 5만 원은 너무 비싼 가격이었고, 3만 원은 그냥 비싼 가격일 수 있다. 이때는 가격이 5만 원에서 3만 원으로 떨어졌지만, 다시 5만 원으로 오를 가능성은 낮다. 지금 3만 원도 비싼 가격이기 때문에 보통 가격이 될 때까지 점점 더 내려갈 것이다. 5만 원짜리 주식이 3만 원이 됐다고 해서 싸다고 느끼는 건 인지 오류다. '비싸다, 싸다'고 하는 것은 적정가격을 기준으로 하는 것이지, 과거 가격을 기준으로 말하는 게 아니다. 중요한 것은 적정가격이다. 투자자는 먼저 투자 상품의 적정가격을 판단할 수 있어야 한다. 그다음 적정가격과 현재 시장 가격을 비교해 싸다, 비싸다를 말해야 한다. 그냥 과거 가격을 기준으로 싸다, 비싸다를 판단하는 건 투자 실패의 지름길이다.

투자가 어렵고 복잡한 건 적정가격을 정하기가 어렵기 때문이다. 주식 등 투자 상품의 적정가격을 산정하는 방법은 무수히 많지만 어느 것도 진리라고 말할 수 없다. 각각의 방법은 다 장점이 있고 단점도 있다. 투자자는 여러 방법 중 자기 나름대로 적정가격을 산정할 기준을 갖고 있어야 한다. PER이든 PBR이든, 이익이든 성장률이든, 자산이든 기술력이든 자기 나름대로 기준을 만들고 그 기준에 따라 해당 주식이 싼지 비싼지를 판단할 필요가 있다. 그래야 가격이 내려가면 싸졌다고 생각하고, 가격이 올라가면 비싸졌다고 생각하는 인지 오류에서 벗어날 수 있다.

성공 투자의 기본 원칙 ②
싸게 '사기'

'싸게 사기'가 어려운 두 번째 이유는 '사기'의 어려움 때문이다. 주식이 굉장히 싸면 사야 한다. 그런데 주식을 사려면 돈이 있어야 한다. 돈이 없으면 아무리 싸도 못 산다. 대다수 사람은 주식이 굉장히 싸졌을 때 그 주식을 살 돈이 없다. 부동산이 굉장히 싸졌을 때도 마찬가지다. 싸다는 건 아는데 살 돈이 없다. 투자에서 지식, 정보가 그리 중요하지 않다고 하는 것도 이런 이유에서다. 아무리 지식, 정보, 지혜가 있어도 투자 자금이 없으면 말짱 헛것이다.

1930년대 미국 주식이 90% 폭락한 대공황 시기 변호사였던 벤저민 로스Benjamin Roth가 쓴 책 《대공황 일기The Great Depression: A Diary》에는 이런 내용이 있다.

"주가가 엄청나게 떨어졌다. 절대 망하지 않을 것 같은 회사의 주가도 굉장히 낮다. 이 주식을 사기만 하면 몇 년 이내에 크게 수익을 얻을 수 있을 것이다. 그런데 주식을 살 돈이 없다."

"주식이 굉장히 싸다. 이건 기회다. 지금 주식을 사면 큰 이익을 얻을 것이다. 많은 사람이 이 사실을 알고 있다. 그런데 그걸 알면서도 주식을 사지 못한다. 주식을 살 돈이 없다."

주가가 지나치게 떨어져 가격이 싸다는 사실을 몰랐던 게 아니다. 살 돈이 없었던 것이다. 이건 한국도 마찬가지다. 한국에서 적잖은 사람이 1997년 외환위기 사태, 2008년 글로벌 금융위기, 2020년 코로나19 사태 때 부자가 됐다. 종합주가지수가 200대까지 떨어진 외환위기 때 주식을 대량 매수해 대기업으로 올라선 투자사도 있고, 주가가 반토막 난 2008년에도 많은 사람이 큰 수익을 올렸다. 그럼 당시 이들만 주가가 지나치게 떨어졌고 이후 반등할 것이라는 사실을 알아챈 현명한 사람들일까. 다른 대다수 사람은 주가와 부동산 가격이 지나치게 떨어져 비정상적으로 싼 가격이라는 사실을 몰랐을까. 그럴 리 있나. 2020년 코로나19 때만 해도 유가가 배럴당 10달러 이하로 떨어졌는데, 투자자로서 이 가격이 지나치게 싸다는 걸 모르는 사람은 없다. 문제는 싸다는 건 알지만 살 돈이 없다는 점이다. 투자자들은 이미 폭락한 다른 투자상품에 돈이 묶여 있었고, 여유자금이 조금 있는 사람은 주가가 조금 떨어졌을 때 이미 다 사버린 상태였다. 정말 폭락했을 때는 살 돈이 없었던 것이다.

1997년, 2008년, 2020년 대폭락 때 큰돈을 번 이는 폭락한 시장이 반등하리라는 걸 예측한 현명한 사람이 아니다. 그런 사람은 굉장히 많았다. 문제는 폭락한 가격에 투자 상품을 살 돈이 있느냐였다. 돈이 있는 사람은 큰 수익을 얻었고, 돈이 없는 사람은 그냥 손가락을 깨물며 바라볼 수밖에 없었다. 그냥 기존의 큰 손해가 반등으로 회복되는 것만 위안으로 삼았을 뿐이다.

자신만의 가격 기준을 만들고 현금을 관리하라

투자에 성공하는 가장 기본 방법인 '싸게 사기'를 실현하기란 쉽지 않다. 싸다는 기준이 뭔지 판단하는 게 어렵고, 또 설령 싸다는 걸 알아도 살 돈이 없는 경우가 많다. 우리는 어떤 게 싸고 어떤 게 비싼지 판단하는 기준을 만들고 계속 다듬어나가야 한다. 최소한 가격이 떨어지면 싸고, 가격이 오르면 비싸다는 식의 인지 오류는 저지르지 말아야 한다. 그리고 쌀 때 살 수 있도록 자금 관리를 해놓는 것도 중요하다. 그래야 실제로 싸게 살 수가 있다.

그런데 어떤 게 싼 것인지를 결정하는 절대적 기준은 없다. 그건 각자 자기 가치관에 따라 만들어야 한다. 무엇이 싸고 비싼지 정하는 자기 나름의 기준을 만드는 것, 그리고 항상 현금을 적정 수준으로 보유하도록 하는 것, 투자자가 평소에 해야 할 일은 이 2가지일 것이다.

How Money Moves People

04

코리아 디스카운트의 진짜 이유

한국 주식시장은 다른 나라 주식에 비해 저평가되는 '코리아 디스카운트^{Korea discount}'가 적용된다. 같은 매출, 같은 이익을 내는 두 회사가 있을 때 한국 회사 주가가 외국 회사 주가보다 싸다. 동일한 산업에서 매출과 이익이 같으면 주가도 같아야 한다. 그런데 한국 회사 주식은 싸다. 이런 현상을 코리아 디스카운트라고 한다.

한국 코스피 200 PER, 미국 절반 수준

이는 주가수익비율^{PER}, 주가순자산비율^{PBR} 등 대표적인 주식 투자 지표를 비교하면 좀 더 확실히 드러난다. 2022년 결산 자료에서 한국 코스피 200의 PER은 11.3이다. 미국의 PER은 20.4로 한국의 2배 가까이 된다. 삼성전자가 한국 회사가 아니라 미국 회사였다면 주가가 2배가량 더 비싸다는 뜻이다. 일본의 PER은 16.3이고 PER이 낮은 편인 프랑스도 13.8 수준이다. 선진국의 PER 평균값은 17.9로, 한국의 PER 11.3은 굉장히 낮은 수치다. 심지어 중국의 PER이 13.7이고, 대만도 12.6이다. 선진국이 아닌 신흥국의 PER 평균이 12.5 수준이니, 한국은 신흥국보다도 주가가 낮은 셈이다.

PBR은 더 심하다. 지난 2022년 한국 코스피 200의 PBR은 0.9였다. 선진국 시장의 PBR은 2.9, 신흥국은 1.6 수준이었다. PBR은 원래 1.0은 돼야 하고, 1.0보다 낮으면 굉장히 저평가돼 있다고 본다. 그런데 개별 회사도 아니고, 한국 코스피 200 전체 평균이 1이 안 되는 0.9였다. 장부 가격보다 낮은 가격에 주가가 형성돼 있다는 뜻으로, 어떤 기준에서 봐도 굉장히 저평가돼 있다고 판단할 만하다.

코리아 디스카운트 현상은 최근 일어난 게 아니다. 2000년대 초반부터 코리아 디스카운트가 문제라는 이야기가 있어 왔다. 코리아 디스카운트를 해소하고, 한국 주식이 제대로 평가받아야 한다는 논의가 계속 이어졌다. 하지만 이 문제가 제기되고 20년이 지난 지금도 코리아 디스카운트는 계속되고 있다.

코리아 디스카운트는 국격의 문제다. 또한 한국 주식 투자자들이 제대로 이익을 얻지 못하고 손실을 보는 이유가 되기도 한다. 세계적으로 한국 주식시장의 주가가 제값을 받으려면 코리아 디스카운트가 해소돼야 한다. 그래서 코리아 디스카운트의 원인이 무엇인지, 어떻게 하면 한국 주식이 제값을 받을 수 있을지에 대한 논의가 계속해서 이어져왔다.

보통 코리아 디스카운트의 첫 번째 원인으로 한국의 지정학적 위험이 언급된다. 북한과 대치하는 상황인 만큼 한국 기업은 외국 기업보다 위험도가 높다. 북한 위협 탓에 투자자가 한국 주식을 잘 사지 않다 보니 코리아 디스카운트가 발생한다는 것이다.

하지만 이것이 코리아 디스카운트의 진정한 원인은 아니다. 지금 세계에서 전쟁 가능성이 가장 크다고 여겨지는 곳은 한국보다 대만이다. 전쟁 위험이 디스카운트의 진정한 원인이라면 대만이 한국보다 주가가 낮아야 한다. 하지만 대만의 PBR은 2.2 수준이다. 한국의 0.9보다 2배 이상 높다.

낮은 주식 배당률을 원인으로 꼽기도 한다. 한국 주식회사의 배당률이 낮은 것은 사실이다. 하지만 주주 입장에서 볼 때 배당을 많이 줘서 이익을 보나, 배당을 주지 않고 회사에 이익이 많이 쌓여 주가가 올라 이익을 보나 별 차이가 없다. 사실 배당금을 받아 생활하는 주주가 아닌 이상, 보통 주주는 배당을 받는 것보다 주가가 더 오르는 것을 선호한다. 따라서 낮은 주식 배당률은 코리아 디스카운트의 주된 원인이 될 수 없다.

지배구조가 불투명한 것이 원인이라는 주장도 있다. 물론 경제 정의를 주장하는 사람들에게는 지배구조가 중요하지만, 주가

상승을 바라는 주식 투자자 입장에서는 지배구조가 별 상관이 없다. 지배구조가 어떻든 회사의 이익이 증가하고 주가가 오르기만 하면 된다. 지배구조를 분석해가며 주식 투자를 하는 사람은 그리 많지 않다.

이익보다 다른 곳에 더 관심을 갖는 한국 상장사

그렇다면 코리아 디스카운트는 무엇 때문에 발생하는 것일까. 나는 오랫동안 주식 투자를 해왔다. 그런데 3년 전 한국 주식에서 완전히 손을 뗐다. 그리고 미국 주식시장으로 이동했다. 이전에는 한국 주식 비중이 컸는데, 한국 주식 비중을 점점 줄이다가 결국 완전히 손을 뗀 것이다. 내가 한국 주식을 사지 않게 된 이유를 살펴보면 코리아 디스카운트, 즉 투자자들이 한국 주식을 잘 사지 않는 이유가 나올 것이다.

내가 한국 주식시장을 떠난 이유는 간단하다. 한국 상장회사들이 이익을 위해 뛰지 않는다는 느낌이 들어서다. 물론 많은 회사가 이익을 추구한다. 하지만 이익이 아닌, 다른 것을 추구하는 회사도 많다. 이익을 추구하지 않는 회사가 많은 주식시장은 투자자가 접근해서는 안 되는 시장이다.

자신이 응원하는 축구팀에 베팅한다고 치자. 베팅하려면 기본 전제가 필요하다. 선수들이 승리를 위해 열심히 뛸 것이라는 전제다. 선수들이 이기려고 열심히 뛸 때 베팅에 의미가 있지, 선수들이 승리보다 다른 것에 더 신경 쓴다면 아무런 의미가 없다. 메시, 호날두가 같은 팀에서 뛰어도 의미 없다. 선수들이 승리를 목적으로 하지 않고, 선수 간 우정에 더 신경 쓰거나 환경보호에 더 신경 쓴다면 그런 팀에 돈을 걸 수가 없다. 지든, 이기든 일단 선수들이 팀 승리를 위해 열심히 노력하리라는 전제가 있을 때만 베팅을 할 수 있다.

한국 주식시장의 문제는 이런 기본 전제가 통하지 않는 회사가 많다는 점이다. 이익이 아니라, 다른 것이 목적인 회사가 너무 많다. 한국전력공사, 강원랜드 같은 공기업은 매출 증대, 이익 증대보다 '정부 지침 따르기'를 더 중요시한다. 이익을 희생해서라도 정부 지침을 따른다. 강원랜드는 아예 매출 총량제에 묶여 매출 증대를 위한 노력 자체를 할 수 없다. 공기업은 공기업답게 단순히 이익 증대보다 공익에 더 힘쓰는 게 맞지 않을까. 물론 그렇다. 하지만 이익 증대가 아니라 공익 추구가 목적이라면 주식시장에 상장돼서는 안 된다. 주식을 일반 국민에게 팔지 않고, 상장되지 않은 상태에서 공익을 추구한다면 아무도 뭐라 하지 않는다. 일반인에게 주식을 팔고 상장된 후 회사 이익을 희생하면서 공익을 추구하니 문제가 되는 것이다. 축구 리그에 들어오고 난 후 우리는 승리가 아니라 공공복리를 추구하는 팀이라고 선언하는 셈이다. 그런 팀은 축구 리그에 들어와서는 안 된다.

일반 기업도 마찬가지다. 상속 문제가 걸린 기업은 이익이 많이 나고 주가가 오르면 상속세가 급증한다. 그래서 이익을 낮추려 하고 주가가 오르지 않게 관리한다. 2세, 3세에게 경영권을 물려주려는 기업은 인수합병 등을 통해 후계자에게 유리한 조건을 만들려 한다. 회사 이익을 키우고 주가를 높이는 건 부차적인 문제일 뿐이다.

이익 추구보다 계열사가 우선인 그룹들

재벌그룹에 속한 기업이 경영난에 빠지면 같은 그룹에 속한 다른 기업들이 도움을 준다. 자기 회사의 이익보다 전체 그룹의 안녕을 도모한다. 자신의 이익을 희생해 다른 기업을 돕는다는 것은 아름다운 이야기다. 하지만 상장회사가 그래서는 안 된다. 축구 리그에 없는 팀이 다른 팀을 돕는다면 아름다운 이야기가 된다. 하지만 축구 리그에서 뛰는 팀이 친구 팀의 성적을 위해 일부러 상대 팀에 져주거나 한다면 그건 팬에 대한 모독이다. 그런 팀은 축구 리그에 있으면 안 된다. 사람들은 그런 팀이 끼어 있는 축구 리그는 보지 않는다.

한국 상장회사들은 참 훌륭하다. 자기 회사의 이익보다 공익을 생각하는 회사가 많고, 경쟁 회사와 공존을 추구하며, 이익을 서로 나누는 좋은 회사가 많다. 정부도 나서서 기업이 지나치게 많은 이익을 얻는 것을 막고, 이익이 사회 전반에 골고루 돌아가도록 지도한다. 좋다는 건 알겠는데, 투자자 입장에서는 이런 시장의 주식을 매수하기가 꺼려진다. 이런 회사들에 큰돈을 맡길 수 없다. 실력은 좀 없더라도, 역량이 좀 부족하더라도 이익 증대를 위해 노력하는 회사나 시장에 돈을 맡겨야 한다. 내가 한국 주식 시장에서 멀어지게 된 이유이고, 또 이것이 코리아 디스카운트의 주된 원인일 것이다.

How Money Moves People

05

부자도 투자 안목 없으면
몇십억 사기당하는 건 순식간

이렇게 생각하는 사람들이 많은 것 같다. '부자는 일반 사람보다
훨씬 좋은 투자 정보와 기회가 있어 쉽게 투자에 성공해 돈을 벌
수 있다.'

유망한 우량 기업이 상장한다고 해보자. 보통 사람이 그 기업
의 주식을 살 수 있는 때는 상장하기 위해 기업 공모를 할 때다. 그
런데 부자는 이미 그 기업의 주식을 갖고 있다. 기업이 발전하는
초기에 이미 그 기업에 투자해 지분을 갖고 있고, 기업이 상장되면
큰 부를 거머쥐게 된다.

개인적으로 나도 그런 식의 투자를 하고 싶었다. 그런데 그런
기회가 주어지지 않았다. 기업이 발전하는 초기 단계에 투자할 수
있는 것은 부자뿐이다. 부자들에게 이런 기업이 있으니 투자하지

않겠느냐는 제안서가 가고 설명서가 보내진다. 부자들을 대상으로 투자 설명회를 열어 투자금을 유치한다. 보통 사람에게는 유망 기업에 투자할 수 있는 기회가 주어지지 않는다. 기껏해야 기업이 상장하려 할 때 공모주를 살 수 있을 뿐이다. 부자에게 일차적으로 좋은 기회가 가고, 보통 사람은 나중에 떡고물만 챙기는 셈이다.

부자를 위한 PB 서비스

좋은 부동산 자리도 마찬가지다. 유망 상가가 분양한다고 하면 정말 좋은 자리는 이미 부자들이 분양을 받았다. 부자들이 좋은 자리를 다 가져간 후에 보통 사람들을 대상으로 분양을 한다. 그러니 부자들이 더 수익을 올릴 수밖에 없다.

은행과 증권회사 등은 PB$^{Private\ Banking}$ 서비스를 제공한다. PB는 수십억 원의 자금을 보유한 부자들을 대상으로 맞춤형 투자 정보를 알려주는 투자 관련 서비스다. PB에서 일하는 이들은 오랫동안 은행, 증권, 투자업계에 몸담아온 투자 전문가들이다. 부자는 이런 투자 전문가의 도움을 받고 있기에 보통 사람보다 훨씬 좋은 투자 상품을 더 유리한 조건에 매수할 수 있다. 부자가 보통 사람보다 투자로 더 많은 수익을 올릴 수밖에 없는 것이다.

이런 고급 투자 정보에 접근할 수 있는 부자들이 부러웠다. 나도 그런 정보들을 얻어 유망 신생 기업에 투자할 기회를 가질 수 있길 원했다. 그런 정보와 기회가 주어진다면 훨씬 쉽게 투자에 성공할 수 있으리라 생각했다. 그 후 나 나름대로 투자가 잘 돼 어느 정도 자산이 만들어졌다. 어쨌든 객관적 기준으로는 부자 카테고리에 들어갔다. 그러고 나니 정말 이전에는 대할 수 없었던 투자 제안들이 들어왔다. 소위 설립 단계에 있는 신기업에 대한 투자 기회가 생기고, 새로운 금융상품 안내문도 심심찮게 받는다. 좋은 투자 기회가 있는데 투자하지 않겠느냐는 성심 어린 제안도 받곤 한다. 전에는 받고 싶어도 절대 접근할 수 없던 정보들이다. 부자들끼리만 주고받고, 보통 사람에게는 주어지지 않던 투자 정보들이다. 나는 '그동안 원했던 부자들의 투자 정보에 어느 정도 접근할 수 있게 됐구나'라며 기꺼워했다. 이제 부자들의 투자 정보를 얻게 됐으니 이전보다 더 쉽고 편하게 투자 수익을 얻을 수 있지 않을까 생각했다.

하지만 그런 일은 일어나지 않았다. 투자 정보들을 받아보면서 바로 알았다. 소위 부자에게 투자 정보가 많이 들어오는 건 사실이다. 그런데 제대로 된 투자 정보는 거의 없다. 대부분 쓸모없는 투자 정보다. '아, 이거 정말 좋은 기회다. 여기에 꼭 투자하고 싶다' 하는 것은 거의 없다. 대부분 '지금 여기에 투자하라고 제안하는 건가. 이렇게 아무것도 보장되지 않는 위험하고 불확실한 곳에?'라는 생각이 들게 하는 투자 제안들뿐이다.

대부분 쓸모없는 투자 정보

생각해보면 당연한 일이다. 아무리 사업 아이템이 좋아도 그게 계속 잘돼 상장까지 갈 수 있을지 아닐지는 아무도 모른다. 벤처캐피털 등이 "이건 정말 된다"는 확신으로 투자해도 10개 중 1개 정도만 제대로 성공할 뿐이다. 대부분의 투자는 아무런 수익도 얻지 못한 채 완전한 실패로 결론난다. 부자에게 투자 기회가 주어진다 해도 벤처캐피털보다 더 높은 투자 성공률을 보일 수는 없다.

나는 기업이 상장할 때 이미 부자들이 그 기업의 주식을 갖고 있는 것을 부러워했다. 하지만 나에게 들어오는 기업 투자 제안서들을 보다 보니 알았다. 대부분 성공을 기대하기 어려운 회사라는 것을 말이다. 노골적으로 말하면 거의 다 '쓰레기'다. 부자는 투자 기회가 있어서 투자에 성공한 게 아니었다. 이 쓰레기 더미에서 성공할 것 같은 기업을 골라내고 찾아내는 눈이 있어야 성공할 수 있다. 그런데 사실 그건 불가능하다. 대다수가 벤처캐피털처럼 그중 괜찮아 보이는 기업 여러 개를 골라 분산투자를 했을 것이다. 그중에서 성공한 회사도 나오겠지만, 대부분은 투자금을 회수할 수 없는 실패한 투자가 되고 만다. 만약 투자 기업을 제대로 볼 수 있는 눈이 없다면 "여기 투자하세요" "저기 투자하세요"라는 권유에 휩쓸려 큰돈을 날리기만 했을 테다.

부자는 투자 정보가 있어서 돈을 쉽게 번 것이 아니다. 오히려 나쁜 투자 기회, 쓸데없는 투자 정보가 물밀듯 몰려들면서 돈을 날리기가 더 쉽다. 투자에 대한 본인의 확실한 기준과 엄격함이 없으면 그냥 돈을 날리기만 하는 세계다.

부동산 투자도 마찬가지다. 투자를 권유하는 사람이 부자에게 더 좋은 부동산, 수익성이 높은 부동산만 제안하는 것은 아니다. 입지가 안 좋은 부동산, 수익이 안 좋은 부동산, 제값 받기 어려운 부동산을 더 많이 제안한다. 이런 투자를 권유하는 사람의 목적은 부자로 하여금 더 큰 돈을 벌게 하려는 것이 아니다. 팔기 어려운 부동산을 사게 해 거액의 수수료를 챙기는 것이 목적이다. 부자이긴 하지만 부동산을 볼 줄 모르는 사람은 그냥 호구가 된다. 부동산을 잘 모르고 투자 권유를 받아 안 좋은 입지의 상가나 빌딩을 사면 부자는 그냥 몇십억, 몇백억을 날리는 것이다. 부자는 집중적으로 사기 대상이 된다.

개인적으로 가장 당혹스러웠던 부분은 부자에게 자산관리 서비스를 제공한다는 PB의 제안이었다. 이들은 자산관리 및 투자 전문가로 인정받는다. 부자에게 고급 투자 정보를 제공하고 고수익의 투자를 실현할 수 있도록 지원해주는 전문가 아닌가. 그런데 이들이 제안하는 투자처가 나로서는 당혹스럽다. 나쁜 건 아니다. 수익성도 괜찮다. 다만, 지금 기준으로 봤을 때 좋은 곳일 뿐이다. 현 금리 조건과 경제 상황에서는 좋은 투자처지만 경제 환경은 계속 바뀐다. 지금은 좋을지 몰라도 상황이 어떻게 달라지는지에 따라 안 좋은 투자로 바뀔 가능성이 큰 위험한 투자처들이다. 이 투자 제안을 받아들이면 성공할 수도 있지만, 실패할 가능성도 그에

못지않다. 내 기준으로는 본인 판단에 따라 투자하는 것은 괜찮지만, 최소한 다른 사람에게 권하기는 쉽지 않은 투자처다. PB라고 다 좋은 투자 정보를 제공하는 것은 아니고, 그냥 좀 더 다양한 투자처를 제안할 뿐이다.

신중하지 못하면 바로 돈을 잃는다

나에게 일정 자산이 생기자 더 많은 투자 정보가 들어온 건 사실이다. 그동안 기회가 없었던 비상장회사에 투자할 기회가 생기기도 했고, 일반인에게 아직 공개되지 않은 투자 기회를 얻기도 했다. 또 금융회사에 몸담고 있는 투자 전문가들에게서 조언을 받기도 했다. 정보가 많아진 것은 사실이다. 그렇다면 좋은 정보가 많아지고 돈을 벌 수 있는 기회가 더 많아졌을까. 그건 아니다. 쓸데없는 정보가 훨씬 많고, 돈을 날릴 기회가 더 많이 생겼다. 이런 정보들은 부자의 부를 늘려주는 게 목적이 아니었다. 그보다는 부자의 돈을 빼내는 게 목적이었다고 보는 게 더 맞는 말이다. 돈은 있지만 투자에 대해 잘 모르는 사람은 삐끗하면 돈을 날리기에 딱 좋다.

결국 나는 그 어디에도 새로 투자하지 못했다. 기존에 하던 주식과 부동산 투자만 계속할 뿐이다. 어떤 새로운 투자처도 기존 주식과 부동산보다 더 좋은 투자처라는 확신을 가질 수 없었다.

이제 나는 부자가 보통 사람보다 더 좋은 투자 정보와 기회를 가진다는 말을 믿지 않는다. 오히려 부자에게는 나쁜 투자 정보와 망할 기회가 더 많이 제공된다. 투자 정보와 제안에 휘둘리는 신중하지 못한 부자는 투자로 돈을 벌기보다 잃기가 더 쉽다.

투자 정보는 자기가 직접 발굴해내는 게 최선이다. 다른 사람이 알려주는 정보는 일단 긴가민가해야 한다. 그중에서도 다른 사람이 나에게 무언가를 바라면서 알려주는 투자 정보는 의심부터 해봐야 한다. 특히 나보고 돈을 내라고 하며 알려주는 투자 정보는 대부분 '쓰레기'로 봐도 된다. 제대로 된 투자 정보는 정말로 드물고 또 찾기 어렵다.

How Money Moves People

06

대박을 노리는 건 생존을 위한 합리적 행위

사람들은 로또에 당첨되거나 주식 투자로 단기간에 큰돈을 버는 것, 또는 사업으로 단번에 크게 성공하는 등의 소위 '대박'을 바라는 건 합리적이지 않은 사고방식이라고 생각한다. 로또에 당첨되기를 기대하는 건 허황된 생각이며, 투자로 돈을 벌더라도 조금씩 조금씩 장기간에 걸쳐 수익을 얻는 게 제대로 된 투자이고, 한 번에 큰돈을 벌려고 하는 건 투자가 아니라 투기라고 폄하한다. 대박을 바라는 사람은 정도를 걷는 게 아니라 잘못된 길을 가는 것이며, 결국 제대로 된 결과를 얻지 못하고 오히려 더 안 좋아질 것으로 생각한다.

그런데 만약 대박을 바라는 게 인간만의 행태가 아니라 동물들도 그렇다면 어떨까? 인간만이 아니라 원숭이 등 다른 동물들도 평소 성실하게 먹이를 찾기보다 대박을 원한다면, 사람들이 대박을 원하는 심리는 이상한 게 아니라 원래 본성이라 봐도 되지 않을까?

동물들도 대박을 노린다

2007년 미국 베일러대학 벤저민 하이든Benjamin Hyden 교수와 펜실베이니아대학 마이클 플랫Michael Platt 교수는 불확실한 상황에서 원숭이가 어떤 의사결정을 하는가에 대한 연구를 했다. 원숭이들에게 2개의 버튼을 제시하고, 한 버튼을 누르면 일정한 양의 물을 얻을 수 있고, 또 다른 버튼을 누르면 훨씬 적은 양이나 훨씬 많은 양의 물을 얻을 수 있게 했다. 이때 원숭이들은 시간이 지날수록 더 도박적인 결과를 주는 버튼을 누른다. 일반적인 보상이 주어지는 선택지보다 아무것도 얻지 못할 위험이 있다 하더라도 큰 보상, 소위 대박이 날 수 있는 쪽을 선택한다. 원숭이들은 나쁜 결과가 나타날 가능성은 무시하고, 보다 큰 보상 가능성에 초점을 맞춰 의사결정을 했다.

이런 성향은 원숭이만이 아니다. 쥐를 대상으로 한 실험에서도 비슷한 결과가 나온다. 버튼을 누르면 여러 가지 형태로 음식물이 떨어지는 상자에서 실험을 했다. 이때 쥐들은 먹을 것이 일정하게 안정적으로 떨어지는 버튼은 잘 누르지 않는다. 대신 먹거리가 잘

나오지는 않지만 만약 먹거리가 나오면 대박이 나는 버튼을 누른다. 이런 경우 중독성을 보이며 계속 버튼 누르기에 열중하기도 한다. 즉 대박을 노리는 건 많은 동물들에게서 나타나는 공통적인 행태였다.

일부 인간만이 아니라 원숭이, 쥐들도 대박의 기회를 더 좋아한다는 실험 결과는 이게 단순히 인간 인식의 오류가 아니라는 걸 이야기한다.

진화심리학에서는 사람이나 동물이나 살아남기에 더 적합한 사고방식을 구축해왔다고 본다. 사람과 동물들이 안정적이지만 양이 적은 수입보다는 확률은 낮지만 대박을 얻을 수 있는 쪽을 더 좋아한다면, 그것이 사람과 동물들이 자연환경에서 살아남는 데 더 유리했기 때문이다. 사람과 동물들은 자기가 살아남는 데 더 도움이 되는 사고방식과 행동양식을 개발한다.

그렇다면 자연환경에서 대박을 노리는 게 어떻게 더 유리한 생존 결과를 이끌었을까? 1981년 카라코Caraco 뉴욕 올바니Albany대학 교수는 새들의 먹이 선택에 대해 연구를 수행했다. 새들을 훈련해서 2개의 먹이 주머니를 보여주고 어떤 것을 선택하는지에 대한 연구였다. 먹이 주머니 2개의 평균, 기댓값은 같다. 하지만 첫 번째 먹이 주머니는 고정된 숫자의 씨앗이 나오고, 두 번째 먹이 주머니는 쪽박일 수도 있고 대박일 수도 있다. 새들이 고정된 수입을 원하는지, 아니면 소위 대박을 바라고 모험을 하는지에 대한 실험이었다.

대박의 심리, 생존 환경의 결과

새들의 선택은 환경에 따라 달랐다. 기후가 따뜻할 때는 첫 번째 주머니, 즉 고정된 수의 씨앗이 들어 있는 주머니를 더 선호했다. 하지만 기후가 좀 추울 때는 두 번째 주머니, 쪽박이거나 대박인 주머니를 더 선택했다. 날씨가 따뜻할 때는 먹이를 구하기가 어렵지 않다. 굶을 위험 없이 쉽게 먹이를 구할 수 있다. 새들은 이럴 때 모험을 하지 않았다. 안정적으로 먹이를 구할 수 있는 주머니를 선택했다.

하지만 추울 때는 달랐다. 추울 때는 새들이 평소 먹이를 구하기가 쉽지 않다. 이때는 안정적으로 소량의 먹이를 구할 수 있다고 해도 결국 굶주릴 위험이 크다. 이럴 때 새들은 모험을 한다. 비록 거의 씨앗이 들어 있지 않을 수도 있지만, 그래도 충분한 먹이를 구할 가능성이 있는 쪽을 선택한다. 그래야 궁극적으로 살아남을 가능성이 더 커진다. 자연환경에서 살아남기는 쉽지 않다. 원숭이나 쥐도 원시 자연환경에서 먹거리를 찾아 살아남는 건 쉬운 일이 아니었다. 먹이를 구하기 쉽지 않은 환경에서는 대박을 바라는 게 더 나은 선택이다. 원숭이, 쥐 등이 안정적인 수입보다 대박을 바라는 건 오랜 진화과정에서 얻은 지혜일 것이다.

이런 새들의 선택은 사람들에게도 많은 시사점을 준다. 평소 수입으로 안정적인 생활이 가능한 사람, 직업이 안정적이고 살아가기에 충분한 수입이 있는 사람은 모험을 할 필요가 없다. 모험을 하면 큰돈을 벌 수도 있지만 큰돈을 잃을 수도 있다. 지금 살아가는 데 별 어려움이 없는데 큰돈을 잃을 위험을 무릅쓸 필요가 없다. 도박 같은 모험을 하지 않아도 충분히 잘 살아갈 수 있다. 이런 사람들은 다른 사람들이 도박을 하거나, 또는 도박 같은 위험한 사업이나 투자를 하는 것을 이해할 수 없다. 도박을 하는 건 자기 삶을 운에 맡기는 것이며 성실히 살아가지 않고 대박을 노리고 한탕을 바라는 것으로 본다. 뭔가 문제가 있는 사람들이 도박에 빠지고, 운에 맡긴 모험을 한다고 생각한다.

반면 평소 수입으로 안정적인 생활을 할 수 없는 사람들은 이야기가 다르다. 직업이 안정적이지 않고, 수입도 안정적이지 않고, 설사 수입이 안정적이라 하더라도 그 절대적 액수가 적은 경우는 사정이 다르다. 이런 사람들 처지에서는 평소의 수입에만 기대서는 현재의 어려움을 벗어날 수가 없다. 현재 상태를 받아들이고 그냥 성실하게 지낸다면 평생 경제적 어려움 속에서 살게 되고 잘못하면 정말 굶어 죽게 될지도 모른다. 이때는 대박을 노리고 모험을 해야 한다. 모험의 결과 돈을 더 잃고 더 어려워질 수도 있다. 하지만 어차피 지금 이대로 지내도 어려워지는 건 마찬가지다. 오히려 모험을 해서 뭔가 터트리는 게 잘살 수 있는 가능성이 있다. 그 가능성이 낮기는 하다. 하지만 가능성이 0%는 아니다. 지금 이대로 살면 잘살 수 있는 가능성은 0%이다. 위험하지만 대박을 바라며 모험을 하는 게 잘살 수 있는 가능성이 오히려 높다.

어떤 사람들이 '평소 성실하게 주어진 일을 하는 게 중요하다',

'대박을 바라지 마라', '복권은 그냥 돈을 버리는 일이다', '로또 당첨을 바라는 건 허황되다'는 등의 말을 하는지 지켜보라. 먹고살기 충분한 돈을 버는 사람들이다. 공무원 등 안정적인 직장을 가진 사람들이다. 이들이 볼 때, 로또 당첨을 바라는 사람들이나 큰돈을 벌기 위해 주식 등에 뛰어드는 사람들, 사업으로 대박을 원하는 사람들은 뭔가 문제가 있는 사람들이다. 이들은 대박을 바라지 말고 성실히 살아가는 게 더 맞는 삶의 방법이라고 훈계하고 가르친다.

로또가 최적의 선택이 되는 때도 있다

실제 로또를 많이 사고, 대박을 바라며 새로운 가게를 내고 사업을 시작하는 사람은 어떤 사람들인가? 어느 사회에서나 생활이 어려운 사람들이 복권을 많이 산다. 지금 수입으로는 자신이 원하는 생활을 하기 어려운 사람들이 주로 로또를 구입한다. 월 400~500만 원 꼬박꼬박 수입이 있는 사람들은 가게를 내지 않는다. 이대로 가다가는 수입이 하나도 없어서 먹고살기 어려워진다는 위기감이 있는 사람들이 가게를 내고 대박을 원하는 자영업자가 된다. 지금 생활에 불만이 없는 사람은 사업을 시작하지 않는다. 현재 자기 상황으로는 원하는 수입을 얻는 게 거의 불가능할 때, 그런 만족할 만한 수입을 얻기 위해 사업을 시도한다. 추운

날씨에 새들이 대박 가능성이 있는 먹이 주머니를 선택하듯이, 현재 어려운 처지에 있는 사람들이 대박을 노리고 로또를 사거나 뭔가 일을 시작한다.

대박을 노리는 사람들을 허황된 꿈을 꾼다고 비판적인 시각으로 볼 필요는 없다. 어떤 환경에서는 대박을 노리지 않으며 성실하고 안정을 추구하는 게 더 맞는 삶의 방식일 수 있다. 하지만 또 다른 환경에서는 대박을 노리는 게 최종적으로 살아남을 확률을 높이는 최적의 선택이 된다. 원숭이, 쥐, 새들의 도박적 행태는 대박을 노리는 게 충분히 합리적인 행위일 수 있다는 걸 말해준다.

How Money Moves People

THE PSYCHOLOGY of BIG MONEY

07

비트코인 투자에 사람들이 실패하는 이유

많은 사람이 나에게 어떤 투자 종목이 좋으냐고 물어본다. 이 질문에 대답하기가 참 어렵다. 어떤 종목이 좋은지 말하는 게 상대방의 투자에, 특히 상대방의 수익에 별 의미가 없다는 것을 알기 때문이다. 투자에서 종목은 중요하지 않다는 것이 내 생각이다.

예를 들어보자. 지난 10년간 170배가량 오른 종목이 있다. 7년 전보다 85배, 5년 전보다는 8배 올랐다. 그리고 지난 1년 사이에도 3배 상승했다(2024년 3월 초 기준). 이 정도면 정말 엄청나게 오른 것 아닌가. 투자와 관련해서는 가히 최고 종목이라 할 수 있다. 그런데 이렇게 오른 종목으로 막상 돈을 벌었다는 사람은 거의 없다. 돈을 벌었다 해도 용돈 수준이고, 큰돈을 번 사람은 정말 찾아보기 힘들다. 오히려 이 종목을 구입했다가 돈을 잃은 사람이 부지기수다. 10년 사이 170배 이상, 5년 사이 거의 10배, 1년 사이 3배 오른 종목에서 수익을 내지 못한다면 어떤 종목에서 수익을 낼 수 있을까. 나는 말한다. "종목은 중요하지 않다." 투자에서 중요한 건 매매 방법, 매매 철학이지 종목 선정이 수익을 안겨주지는 않는다.

투자 철학과 방법이 수익을 결정한다

미국에서 수익률이 가장 높은 펀드로 알려진 것 중에는 피터 린치 Peter Lynch의 마젤란 펀드가 있다. 린치는 1977년부터 1990년까지 13년 동안 마젤란 펀드를 운용하면서 2,700% 수익률을 올렸다. 이 실적으로 린치는 전설적인 펀드매니저가 됐다. 하지만 막상 마젤란 펀드에 가입한 사람은 이만큼 수익을 올리지 못했다. 대부분 적은 수익만 얻었고, 오히려 절반 정도는 손실을 봤다. 수익률이 가장 높은 펀드에 가입했어도 주가가 높을 때 펀드를 구입했다가 주가가 떨어졌을 때 펀드를 팔고 나오니 손실이 난다. 13년간 2,700% 오른 펀드 종목에 투자했어도 매매를 잘못하면 손해를 보는 것이다. 종목은 중요하지 않다. 투자 철학과 투자 방법이 수익을 결정한다.

앞서 언급한 10년에 170배, 5년에 10배, 지난 1년 사이 3배 오른 종목이 뭘까. 많은 사람이 쉽게 짐작할 수 있을 것이다. 바로 비트코인이다. 분명 지나온 기간에 크게 오르긴 올랐는데, 막상 큰 수익을 얻은 사람은 별로 없고 손해를 본 사람이 더 많은 종목이다. 이렇게 많이 오른 종목에서 원하는 수익을 얻지 못한다는 것은 매매 방법이나 투자 방식에 뭔가 오류가 있다는 의미다. 비트코인은 우리의 투자 방식 오류를 점검해주는 거울이다.

비트코인이 많이 알려지지 않고 소수만 은밀히 아는 숨겨진 종목이었다면 투자 오류라고 할 수 없다. 하지만 비트코인은 2017년 말 소위 광풍이 불면서 사회적 주요 이슈로 떠올랐다. 그 전까지는 비트코인에 대해 몰랐어도 2017년 말 이후에는 대부분이 비트코인을 알게 됐다. 비트코인은 2017년 말 최고가와 비교해도 그 후 지금까지 4배가량 올랐다. 그렇기 때문에 비트코인에 대해 전혀 몰라서 투자하지 않았고, 그래서 수익을 내지 못했다는 건 투자자로서 설득력 있는 변명이 되기 힘들다. 종목이 자신에게 맞지 않아 투자하지 않았다는 건 그 나름 일리가 있어도, 비트코인처럼 유명세를 탄 종목을 몰라서 투자하지 않았다는 건 제대로 공부하는 투자자가 아니라는 의미다.

비트코인에 투자하지 않는 이유가 비트코인이 실체가 없는 환상이고 투기일 뿐이라서 그렇다고 말하는 사람들이 있다. 즉 17세기 네덜란드의 유명한 튤립 버블 파동처럼, 비트코인도 일시적 투기 광풍이라고 판단해 손을 대지 않는다. 비트코인은 버블일 뿐이고, 결국 가치가 0원으로 떨어질 것이라고 본다. 그런데 비트코인이 실체 없는 투기 광풍이라고 하기엔 너무 오래 가지 않나. 튤립 버블 파동은 한 번 폭등한 후 투기 목록에서 사라져버렸다. 그런데 비트코인은 10년 넘게 유지되고 있다. 그냥 유지도 아니고, 가격이 계속 폭등하면서 추세가 계속되고 있다. 왜 이런 현상이 벌어지는지에 대해 설명해야 하지 않을까.

비트코인 현상과 투자 오류

"사람들이 뭘 모르고 무식해서"라는 대답은 하지 말자. 에이브러햄 링컨 전 미국 대통령은 소수의 사람을 계속해서 속이거나 다수의 사람을 일시적으로 속일 수는 있어도, 다수의 사람을 계속해서 속일 수는 없다고 했다. 비트코인은 전 세계 사람을 대상으로 하고, 10년 넘게 추세를 유지하고 있다. '사람들이 무식해서' 나타나는 현상이라고 볼 수 없는 것이다. 더구나 현재 비트코인 상승은 현물 ETF를 출시한 미국 월스트리트가 주도하고 있다. 세계 최고 엘리트가 모여 있는 월스트리트 투자자들이 뭘 모르는 것이고, 나 자신이 뭔가를 더 잘 안다고 생각하지는 말자. 비트코인에는 버블, 환상, 투기 외에 다른 요소들이 있다. 그래야 10년 넘게 폭등과 폭락을 거듭하면서도 계속해서 가격이 오르는 현상이 설명된다. 비트코인이 버블, 실체 없는 환상, 투기일 뿐이라고 판단하는 건 실제 현상을 설명하는 데 도움이 되지 않는다. 그 요소가 무엇인지는 명확히 알 수 없겠지만, 최소한 비트코인이 버블, 환상,

투기일 뿐이라서 손을 대지 않는다는 건 제대로 된 투자자의 판단이 될 수 없다.

비트코인을 투자 대상으로 삼아 구입한 사람이라고 해서 제대로 투자를 하는 건 아니다. 비트코인은 2017년 봄 이후 7년간 80배가 넘게 올랐지만, 그사이 수익을 올린 사람보다 손실을 본 사람이 더 많다. 이렇게 올랐는데도 손실을 본 이유는 대부분 크게 올랐을 때 사서 폭락했을 때 팔았기 때문이다. 비트코인이 내렸을 때 사서 올랐을 때 팔았다면 엄청난 수익을 올렸을 것이다. 하지만 사람들은 대부분 비트코인이 올랐을 때 산 게 아니라 엄청나게 올랐을 때 사기 시작했다. 2017년에는 100만 원 하던 비트코인이 600만 원을 넘어서자 사람들이 큰 관심을 가지면서 비트코인 시장에 들어오기 시작했다. 최근에는 2023년 2만 달러(약 2,670만 원) 하던 비트코인이 6만 달러(약 8,020만 원)가 넘어서자 언론에서 계속 거론되고 거래량도 폭발적으로 증가했다. 이미 3배 올랐는데, 그때서야 사기 시작한다. 1년 사이에 3배가 오르면 이제는 미지수다. 앞으로 더 오를 수도 있지만, 언제 폭락할지 모른다. 이렇게 오른 종목은 변동성이 워낙 커서 투자라기보다 투기, 도박 영역이다.

수익을 얻는 데는 종목 자체가 중요한 게 아니다. 언제 사고 언제 파느냐가 중요하다. 언론에서 떠들어대고, 이미 몇 배 오른 상태에서 사는 건 앞으로 어떻게 될지 모르는 불확실성의 영역이다. 안정적으로 제대로 수익을 얻는 투자를 하려면 크게 오르기 전 시장에 들어왔어야 한다. 이것도 투자 오류다.

시장에 일찍 들어와 수익을 올렸다 해도 제대로 된 투자였다고 보기는 힘들다. 비트코인은 지난 몇 년간 몇십 배 올랐다. 이런 종목에서는 단순히 수익을 올리는 것에 그쳐서는 안 된다. 큰 수익을 올려야 정상이다. 그런데 막상 비트코인으로 큰 수익을 올린 사람은 극히 적다. 수익을 올리긴 올렸어도 20%, 50% 수익이 대부분이다. 2배 이상 번 사람을 찾기 어렵다. 시장에 일찍 들어와 비트코인을 사기는 샀는데, 너무 일찍 판 경우다. 판 시점이 잘못돼 정말 큰 수익을 얻을 기회를 놓친 것이다. 또 설령 몇 배 이익을 얻었다 하더라도 투자금 자체가 많지 않아 수익이 적은 경우도 있다. 3배를 벌기는 벌었는데 100만 원 투자해 300만 원을 벌었으면 제대로 된 수익이라고 할 수 없다. 종목 선정을 잘하고 매매 시점이 좋아도 투자금 배분을 잘못하면 기회를 놓친다.

비트코인이 알려주는 투자의 지혜

지난 10년 사이 170배 오른 종목이 있는 시대를 살아간다는 건 투자자로서 굉장한 행운이다. 인생을 바꿀 수 있는 기회가 그동안 계속 옆에 있었다는 뜻이다. 하지만 사람들은 그 기회를 살리지 못했다. 보통 사람은 그 기회를 알지도 못한 채 그냥 보낼 수 있다. 하지만 투자자는 그래선 안 된다. 이는 자신의 투자 방법에 뭔가 문제가 있다는 걸 방증한다. 종목을 알아보지 못했든, 구입 시점이나 판매 시점을 잘못 잡았든, 투자금 배분을 잘못했든 뭔가 치명적 오류가 있었기 때문에 기회를 제대로 살리지 못한 것이다.

"나는 왜 비트코인 투자에 성공하지 못했을까." 이 질문은 많은 투자자에게 자신의 투자 방법을 돌아볼 수 있는 기회를 제공한다. 장기 투자를 지향하는 사람이라면, 왜 자기는 비트코인을 장기적으로 가지고 있지 못했는지 돌아볼 수 있다. 단타 투자를 지향하는 사람이라면, 왜 자기는 이렇게 변동성이 커서 단타 수익을 얻기 쉬운 비트코인에서 수익률이 높지 않은지 돌아볼 수 있다. 가치투자자라면, 왜 자기는 비트코인의 가치를 제대로 산정하지 못했는지 돌아볼 수 있고, 추세 투자자라면 왜 자기는 비트코인이 급등하는 추세에 제대로 올라타지 못했는지 돌아볼 수 있다.

비트코인은 모든 투자자들이 투자자로서 자신의 한계를 파악하고 더 나은 투자자가 되는 데 중요한 교훈을 준다. 자기가 비트코인에서 큰 수익을 얻지 못한 이유를 돌아보고, 그 문제점을 개선한다면 보다 나은 투자자가 될 수 있을 것이다. 이것만으로도 비트코인은 투자 세계에 큰 기여를 했다고 본다.

How Money Moves People

08

50만 원에 산 비트코인, 1억 원이 넘어도 안 판 이유

"비트코인 1억 원 됐던데 팔았어?"

최근 지인 몇 명으로부터 들은 말이다. 나는 그동안 비트코인에 관심을 가지는 주위 사람들에게 비트코인이 1억 원(개당 가격)은 될 거라고 말해왔다. 책에도 그런 이야기를 썼다. 2019년과 2021년에 투자 책을 냈는데, 그 책들에서도 비트코인이 1억 원이 될 거라고 이야기했다. 2024년 3월 드디어 비트코인이 1억 원이 됐다. 오랫동안 비트코인을 들고 있었는데, 이제 비트코인이 정말 1억 원이 넘었으니 팔았느냐는 질문이었다.

한국에서 비트코인 1억 원은 굉장한 상징적 의미를 지닌다. 기념비적 사건이다. 그래서 많은 사람이 비트코인 1억 원을 매도 시점으로 생각한다. 1억 원 가까운 금액에 비트코인을 사기 시작한 사람이라면 모를까, 이전에 산 사람 중 많은 이가 비트코인이 1억 원이 되자 팔아서 수익을 실현했다.

20240311, 비트코인 1억 원을 돌파하다

가상화폐 거래소 빗썸에서 비트코인의 가격이 1억 원을 넘은 것은 2024년 3월 11일 오후 6시 32분쯤이다. 이때 정말 우연히 나는 스마트폰 애플리케이션(앱)에서 1억 원이 넘어가는 순간을 볼 수 있었다. 앱을 확인했을 때가 1억 원이 되기 바로 전인 9,999만 8,000원이었는데, 아주 재미있는 수치를 볼 수 있었다. 그 순간의 주문 가격대별 주문량은 아래 표와 같았다.

2024년 3월 비트코인 개당 1억 원 돌파 전후 주문량   (단위: 원, 개)

비트코인 주문 가격	매도 주문량	매수 주문량
100,001,000	0.498	
100,000,000	**41.926**	
99,999,000	3.911	
99,998,000	0.258	
99,997,000		0.109
99,996,000		0.841

이때 가격이 9,999만 8,000원이었고, 0.258개가 매도 주문

으로 나와 있었다. 보통 빗썸에서는 가격대별로 이 정도 주문량이 있다. 그런데 1억 원 매도 주문량에 41,926개가 쌓여 있었다. 비트코인은 비싸기 때문에 보통 한 사람의 주문량이 0.001~0.05개 정도다. 0.05개라 해도 500만 원 가까이 된다. 그런데 1억 원에서의 매도 주문량이 41개를 넘었다. 정말 엄청 많은 사람이 1억 원에 매도 주문을 내놓은 것이다. 1억 원에 비트코인을 팔려고 한 사람이 그렇게 많았다는 뜻이다.

9,999만 9,000원에 판다고 내놓은 것도 3,911개나 된다. '과연 비트코인이 1억 원을 넘을까' '1억 원을 넘지 못하고 다시 떨어지지 않을까'라는 염려로 1억 원 직전 가격에 내놓은 것이다. 그래야 1억 원과 거의 같은 정도의 수익을 챙길 수 있기 때문이다.

어쨌든 정말 많은 사람이 비트코인 1억 원을 매도 시점, 수익 실현 시점으로 여겼다. 1억 원에 엄청나게 쌓여 있는 매도 주문량이 그런 사람들의 심리를 말해준다. 그리고 비트코인 투자에 대해 다시 한 번 생각한다.

'비트코인이 1억 원 이상 오를 수 있을까.'

'너무 비싸다. 이제는 살 수 없다.'

'이제 다른 코인에 투자해야 하나.'

비트코인에 투자하지 않은 사람도 이런 생각을 한다. 그래서 다들 나에게 비트코인을 처분했느냐고 묻는다. 이에 대한 내 대답은 보통 이렇다.

"비트코인이 1억 원을 넘었다는 것은 한국인에게만 의미 있을 뿐이지, 비트코인 자체가 얼마나 오를 수 있을까 하고는 별 상관이 없다."

사람들이 비트코인에 대해 오해하는 게 하나 있다. 비트코인은 한국 상품이 아니라 국제 상품이라는 점이다. 비트코인 가격은 국제적으로 정해지고, 한국 비트코인 가격은 그 국제 가격을 따라간다. 한국은 비트코인 국제 거래와 관련해 규제가 많기 때문에 국제 가격보다 높은 '김치 프리미엄'이 붙는다. 하지만 기본 가격 움직임은 어디까지나 국제 가격을 따라간다. 국제 가격이 오르면 한국 가격도 오르고 국제 가격이 내리면 한국 가격도 내린다. 한국 사람이 좀 더 많이 산다고 가격이 오르고, 한국 사람이 안 산다고 가격이 내리는 게 아니다. 한국인은 비트코인 가격 설정자가 아니라 가격 추종자다.

이런 점에서 봤을 때 비트코인 가격이 1억 원이 넘느냐 아니냐는 국제적으로 의미가 없다. 한국에서는 1억 원이 넘었는데 더 오를 수 있나 없나를 고민한다. 하지만 국제적으로는 한국에서 1억 원이 넘었나, 안 넘었나는 별 의미가 없다.

'비트코인 1억 원'의 실제적 의미

예를 들어보자. 2024년 3월 4일 일본에서 비트코인이 1,000만 엔을 넘었다. 한국인에게 1억 원이 큰 의미가 있는 가격이듯이, 일

본인에게는 1,000만 엔이 그렇다. 일본에서는 드디어 비트코인이 1,000만 엔을 넘어섰다고 요란했고, 일본 사람들은 1,000만 엔에서 더 오를지 아닐지를 고민했다. 하지만 한국인 가운데 비트코인이 일본에서 1,000만 엔을 넘었는지 아닌지 신경 쓴 사람이 있는가. 비트코인이 1,000만 엔이 넘었는데 여기서 더 오를지 아닐지를 고민한 사람이 있는가. 아무도 없다. 이건 어디까지나 일본 사람들의 생각일 뿐이다. 비트코인 가격은 엔화로 환산한 가격이 얼마인지와는 아무 상관없이 움직인다.

마찬가지다. 최근 국내에서 비트코인이 1억 원을 넘어섰다고 요란하지만 그건 어디까지나 한국 내 이야기일 뿐이다. 한국 환율을 적용했을 때 1억 원이 넘은 것이고, 그게 한국 사람에게 의미 있는 숫자라 이런저런 얘기들을 한다. 하지만 국제적으로는 비트코인이 원화로 1억 원을 넘었느냐 아니냐는 아무런 의미가 없다. 원화로 1억 원이 넘었으니 너무 비싸졌다, 1억 원이 넘었는데 과연 더 오를 수 있을까 고민하는 사람은 한국인뿐이고, 다른 나라 사람들은 그런 발상 자체를 안 한다.

1억 원이라는 숫자가 중요하지 않다는 건 아니다. 사람들은 이 숫자에 굉장히 민감하고 의사결정에도 큰 영향을 미친다. 삼성전자 주가가 10만 원을 넘느냐 아니냐는 중요한 의미가 있다. 한국 상품이 원화로 얼마인지는 분명 중요하다. 하지만 비트코인은 한국 상품이 아니라 국제 상품이다. 국제 상품을 원화로 기준 삼아 투자 결정을 해서는 곤란하다. 국제 상품은 국제 가격을 기준으로 얘기해야 한다. 비트코인과 관련해 국제적으로 의미 있는 가격은 10만 달러다. 세계 사람들은 비트코인이 10만 달러를 넘느냐 넘지 않느냐, 넘는다면 언제 넘느냐에 관심을 가진다. 한국 사람에게 비트코인이 1억 원이 되느냐 아니냐가 관심의 초점이듯이, 세계 사람들은 비트코인이 10만 달러가 되느냐 아니냐에 관심을 갖는다.

2024년 4월 중순 현재 비트코인은 6만 달러에서 7만 달러를 횡보하고 있다. 최고가는 7만 3,000달러였다. 이게 10만 달러까지 갈까, 간다면 언제 갈까가 국제적 관심의 초점이다. 원화로는 1억 4,000만 원 가까이 되는 가격이다. 비트코인이 1억 원을 넘었는데 더 오를 수 있을지 의심스럽다? 그건 1억 원에서 할 고민이 아니다. 10만 달러, 즉 1억 4,000만 원을 넘은 다음에 해야 할 고민이다.

내가 비트코인을 10년 동안 가지고 있는 이유

그럼 나는 비트코인이 10만 달러, 한화로 1억 4,000만 원이 넘으면 팔까. 그건 또 다른 얘기다. 나는 투자 상품은 처음 샀을 때의 이유에 따라 언제 팔아야 할지가 정해져야 한다고 본다. 이익이 늘어나서 샀다면 이익이 늘지 않을 때 판다거나, 매장이 증가해서 샀다면 매장이 증가하지 않을 때 판다거나, 수출이 잘돼서 샀다면 수출이 안 될 때 파는 식이다.

　내가 비트코인을 산 이유는 공급이 2,100만 개로 고정돼 있는데, 수요가 늘어나기 때문이었다. 그러면 공급이 늘어나거나 수요가 더는 늘어나지 않으면 팔아야 한다. 비트코인은 공급이 늘어나지 않는다. 그러면 수요가 증가하느냐 아니냐가 나의 투자 결정에서 중요한 기준이다. 비트코인 수요가 늘어나느냐 감소하느냐, 내가 초점을 두는 건 이 부분이다. 비트코인 수요가 늘어나면 계속 보유하고, 비트코인 수요가 줄어들면 팔 것이다.

　즉 비트코인이 1억 원을 넘느냐 아니냐는 중요하지 않다. 나아가 비트코인이 10만 달러를 넘느냐 아니냐도 내게는 그리 중요하지 않다. 비트코인의 수요와 공급만 보려 한다. 내가 50만 원에 산 비트코인을 10년 동안 들고 있을 수 있었던 이유다. 100만 원, 1,000만 원, 1억 원 등 숫자를 중요하게 생각했다면 나는 절대 비트코인을 10년 동안 들고 있을 수 없었을 것이다.

How Money Moves People

09

주식 리딩방에 '절대' 들어가지 말아야 하는 이유

몇 년 전 한 후배를 만나 투자 관련 이야기를 했다. 이 후배는 그 동안 직장 생활을 하며 저축을 하고 있었다. 하지만 월급을 아무리 모아도 자기가 원하는 금액을 만들기 힘들어 보였고, 그래서 주식 투자를 시작하려 한다는 얘기였다. 그로부터 일주일쯤 지나 이 후배에게서 전화가 왔다. 후배는 아주 활기차고 기쁜 목소리로 말했다.

"알아보니 주식 전문가가 회원들을 대상으로 어떤 종목이 좋은지 추천해주는 주식 리딩방들이 있더라고요. 거기서 언제 사고 팔면 되는지 자문받아서 그대로만 하면 될 것 같아요."

후배는 생전 처음 주식을 시작하면서 막막해했다. 그런데 전문가들의 지도를 받아 투자할 수 있으니 모든 문제가 해결됐다.

이제는 주식 투자로 돈을 버는 일만 남았다. 환호하는 후배의 말을 들으며 나는 정말 놀랐다. 이 후배는 세상물정 모르는 젊은 학생이 아니었다. 사회에서 말하는 소위 명문대를 나와 직장 생활도 몇 년 이상 했고, 나이도 서른이 훨씬 넘었다. 경제·경영학 전공은 아니었기에 경제 이론은 잘 모른다고 해도 실제 경제생활에 대해서는 충분히 잘 아는 생활인이었다. 그런데도 주식 리딩방에 돈을 주고 들어가 거기서 주식 매매 정보를 받으려 한다니, 나로서는 놀랄 수밖에 없었다. 보통 사람들은 이렇게 주식시장 생리를 모른단 말인가. 학교에서 배우는 한국 금융교육에 뭔가 심각한 문제가 있다는 사실을 이때 처음 깨달았다.

전문가라는 이유로 무작정 따라가서는 안 되는 이유

나는 평소 다른 사람에게 "이래야 한다" "저래야 한다"고 말하는 스타일이 아니다. 세상일에 자신이 없어 항상 물에 물 탄 듯, 술에 술 탄 듯 모호하게 얘기한다. 하지만 이때 후배에게는 확정적으로 말했다.

"그건 아니다. 주식 리딩방에 들어가지 마라."

그리고 이어지는 대화들이다.

"그들은 오랫동안 주식시장에 있었던 전문가들이잖아요."

그 사람들은 주식 전문가다. 이 점에 대해서는 부정하지 않는다. 하지만 전문가도 여러 유형이 있다. 축구 전문가의 경우 축구 역사 전문가, 축구 규칙 전문가, 팀 운영 전문가, 해설 전문가, 승부 예측 전문가 등 여러 가지가 있다. 하지만 이런 축구 전문가들이 실제 경기를 뛰면서 골을 넣을 수 있느냐 하면 그건 완전히 다른 얘기다. 주식 리딩방에 있는 전문 투자자 가운데 많은 수가 주식 종목, 매매 패턴, 차트, 주식 수급 파악 전문가다. 다만, 이런 전문가와 정말 주식 투자로 큰 수익을 내는 전문가는 다르다. 축구 전문가라고 해서 경기에서 골을 잘 넣는 게 아니듯, 주식 전문가라 해서 주식 투자에서 원하는 수익을 얻을 수 있는 건 아니다. 그렇기에 전문가라는 이유로 무작정 따라가서는 안 된다.

"주식 투자에 성공한 사람들이 지식 나눔이나 봉사 차원에서 정보를 제공하는 것일 수도 있잖아요."

누군가 주식 투자로 큰돈을 벌면 무엇보다 그 주변 사람들이 먼저 안다. 그리고 주변 사람들이 찾아와 투자 정보를 얻으려 한다. "무엇을 사면 좋을지" "언제 사서 언제 팔면 좋을지" 등을 묻는다. 그런데 사실 주식 투자에 성공한 사람도 그런 질문에 대답하기 힘들다. 본인도 잘 모르기 때문이다. 주식 투자는 운이 많이 작용한다. 운의 비중이 큰데 꼬치꼬치 물으니 대답하기가 굉장히 곤란하다. 성공한 주식 투자자는 주변 사람들의 질문에 대처하는 것을 힘들어한다. 그리고 그런 정보를 제공한다면 주변 사람들이 먼저다. 누군지도 모르는 다른 사람들을 모집해 정보 제공, 지식 나눔을 할 여유가 없다.

성공한 투자자는 자문하지 않는다

"주식 투자에 성공했지만 더 큰 돈을 벌려고 회원을 모집하는 건 아닐까요. 회비가 굉장히 비싸던데."

아직 은퇴할 때가 아닌 성공한 주식 투자자는 더 큰 돈을 벌려고 한다. 그건 인정한다. 그런데 성공한 주식 투자자가 돈을 더 많이 벌 수 있는 방법은 자기가 직접 주식 투자를 계속하는 것이다. 투자금 10억 원으로 10% 수익을 얻으면 1억 원이다. 성공한 주식 투자자는 이런 수익금을 원하지, 회원을 모집해 인당 몇백만 원 회비로 돈을 벌려 하지 않는다. 투자 자문으로 1억 원을 벌려면 회비가 인당 300만 원일 경우 30명 넘게 모집한 뒤 매일매일 관리해야 한다. 그런 힘든 짓을 왜 하나. 그냥 자기가 직접 투자해 10% 이익을 내면 되는데 말이다. 투자금 20억 원이 있으면 5%만 이익을 내도 1억 원이다. 성공한 주식 투자자는 계속해서 주식 투자로 돈을 벌려 하지, 자문으로 돈을 벌려 하지 않는다.

"어떤 주식이 오를지 맞히는 경우도 많던데요."

주식은 오르느냐 내리느냐 2가지 경우밖에 없다. 그냥 아무거나 골라도 50%는 맞힌다는 얘기다. 아무거나 두 종목을 골랐을 때 그 두 종목이 다음 날 모두 오를 확률은 25%다. 100명에게 각각 무작위로 2개 종목을 추천한다면 25명은 두 종목이 모두 내리고, 50명은 한 종목이 내리고 한 종목은 오르는 경험을 할 수 있다. 그리고 나머지 25명은 추천한 두 종목이 모두 오른다. 두 종목 모두 내린 처음 25명은 이 주식 리딩방이 실력이 없다고 생각해 떠나고, 50명은 한 종목은 맞혔으니 긴가민가하며 지켜볼 테고, 25명은 여기는 2개 종목을 모두 맞혔으니 용하다고 생각해 가입비를 낼 것이다. 그리고 무엇보다 한국 코스닥 시장에는 자본 규모, 거래 규모가 작은 주식이 굉장히 많다. 몇억, 몇십억 자금만 있으면 주가를 의도적으로 올리거나 내리는 등 주가를 움직일 수 있다. 큰 기업의 주식 움직임을 맞힌다면 실력 있는 주식 리딩방일 수 있다. 하지만 평소 이름도 제대로 들어보지 못한 주식들의 움직임을 귀신같이 맞힌다면 그건 실력이라기보다 작전이 아닐까 의심해야 한다.

주식 리딩방에 들어가면 안 된다고 후배를 한참 설득해야 했다. 또 거기서 하는 얘기가 참인지 거짓인지, 타당한지 아니면 뭔가 이상한지 구별할 능력을 갖출 때까지는 주식에 큰돈을 투자해서는 안 된다고도 했다. 그 후배가 최종적으로 주식 리딩방에 들어갔는지 아닌지는 모른다. 내가 뭐라고 말했든, 주식 초보자인 후배에게 주식 리딩방의 존재는 깜깜한 밤에 비추는 한 줄기 빛이었을 테니까. 어쨌든 내 입장은 분명하다. 주식 리딩방에 들어가지 마라.

며칠 전부터 아는 사람들이 계속해서 메시지를 보내온다. 페이스북 등에서 내가 주식 리딩방을 운영한다며 참여자를 모집한다는 광고를 봤다는 내용이었다. 아무래도 나를 사칭하는 것 같다면서 해당 광고를 보내왔다. 쇼킹했다. 무엇보다 나는 장기투자자다. 종목 선정을 1년에 한두 번만 하고, 매매도 그때뿐이다. 장기투자자는 단기 변화에 무관심하다. 매일매일 종목을 선정하고 추천하는 주식 리딩방을 운영할 리가 없다. 그리고 결정적인 건 나는 미국 주식만 한다. 국내 주식에서 손을 뗀 지 몇 년 됐다. 이는 내 책을 읽은 사람은 누구나 쉽게 알 수 있는 사실들이다. 그런데 내 이름을 사칭하고 주식 리딩방 회원을 모집하려는 사람이 있다고?

절대로 주식 리딩방에 들어가지 마라

어쨌든 내 이름이 사칭되는 건 기분 좋은 일은 아니다. 어떤 대응을 할 수 있나 알아보니, SNS(소셜네트워크서비스)에서 다른 사람을 사칭한 것만으로는 처벌할 수 없단다. 그 일로 누군가가 실질적인 피해를 받아야 법적 조치가 이뤄질 수 있다는 것이다. 페이스북 등에 신고는 할 수 있지만, 시간도 오래 걸리고 또 설령 조치가 내려진다 해도 상대방이 다른 계정을 만들어 또다시 사칭할 수 있기에 별 효과가 없다고 한다. 결국 내가 실질적으로 할 수 있는 건 없다는 얘기다.

내가 바랄 수 있는 건 그 주식 리딩방에 가입자가 없어 광고가 의미 없게 되는 것뿐이다. 사람들이 인터넷상에서 광고하는 주식 리딩방에 눈길을 주지 않았으면 좋겠다. 나를 사칭하는 주식 리딩방뿐 아니라, 어떤 주식 리딩방에도 관심을 가지지 않았으면 좋겠다. 주식 리딩방을 운영하는 이들은 주식에 대해 많이 아는지는 몰라도 투자에 성공해 큰 수익을 얻은 사람들은 아니다. 성공한 주식 투자자가 일부러 사람들을 모집해 주식 추천을 할 리가 없다. 주식 리딩방은 자신도 오르지 못한 산을 일반 사람들에게 안내하는 가이드와 같다. 길을 모르는 가이드를 따라 높은 산을 오르면 반드시 사고가 난다. 최소한 주식 리딩방에 돈을 가져다줘서는 안 되는 이유다.*

---

*   나의 이름을 사칭해서 주식 리딩방 회원을 모집했던 건은 단순한 주식 리딩방이 아니라 공모주 사기 사건으로 귀결되었다. 처음에는 회원들에게 무료로 주식에 대한 정보를 주었다고 한다. 그러다 한두 달 지나 특별히 공모주를 싸게 살 수 있는 기회를 제공한다고 했다. 배당받기 힘든 공모주를 많이 준다고 하니, 사람들이 공모주를 얻기 위해 돈을 송금했다. 사칭자는 돈을 챙기고 사라졌다.
사람들이 사기라는 것을 알고 경찰에 신고를 했고, 경찰에서는 나에게 연락을 해왔다. 이런저런 자료를 요구했는데, 사칭자의 주식 리딩방 접속 아이피(IP)가 모두 해외로 판별되어 나와 관계없다는 것, 나를 사칭한 것이라는 결론이 나왔다.
일반적인 주식 리딩방이 아니라 공모주 사기였기에 피해가 크다고 한다. 나로서도 참 기분 안 좋은 사건인데, 더 이상 이런 투자 사기는 시도되지도 않고, 또 사람들이 속아 넘어가지도 않는 사회가 되었으면 한다.

Dom 031

돈의 심리

초판 1쇄 인쇄 ｜ **2024년 9월 30일**
초판 1쇄 발행 ｜ **2024년 10월 18일**

지은이 최성락
펴낸이 최만규
펴낸곳 월요일의 꿈
출판등록 제25100-2020-000035호
연락처 010-3061-4655
이메일 dom@mondaydream.co.kr

ISBN 979-11-92044-51-4 (03320)
ⓒ 최성락, 2024

월요일의꿈

'월요일의꿈'은 일상에 지쳐 마음의 여유를 잃은 이들에게 일상의 의미와 희망을 되새기고 싶다
는 마음으로 지은 이름입니다. 월요일의꿈의 로고인 '도도한 느림보'는 세상의 속도가 아닌 나만
의 속도로 하루하루를 당당하게, 도도하게 살아가는 것도 괜찮다는 뜻을 담았습니다.

"조금 느리면 어떤가요? 나에게 맞는 속도라면, 세상에 작은 행복을 선물하는 방향이라면 그게 일상의 의미
이자 행복이 아닐까요?" 이런 마음을 담은 알찬 내용의 원고를 기다리고 있습니다. 기획 의도와 간단한 개요
를 연락처와 함께 dom@mondaydream.co.kr로 보내주시기 바랍니다.